Los sueños
y su interpretación
psicoanalítica

Los sueños
y su interpretación
psicoanalítica

José de Jesús González Núñez

LOS SUEÑOS Y SU INTERPRETACIÓN PSICOANALÍTICA

Primera edición: noviembre de 2020

Portada: Julieta Bracho.estudio Jamaica

© 2021, José de Jesús González Núñez
© 2021, Editorial Terracota bajo el sello PAX

ISBN: 978-607-713-216-5

Editorial
TERRACOTA ET

DR © 2020, Editorial Terracota, SA de CV
Av. Cuauhtémoc 1430
Col. Santa Cruz Atoyac
03310 Ciudad de México

Tel. +52 55 5335 0090
www.terradelibros.com

Impreso en México / *Printed in Mexico*

2025 2024 2023 2022 2021
   6   5   4   3   2

Índice

Presentación

La interpretación de los sueños existe desde hace mucho tiempo, probablemente desde que el hombre se percató de que soñaba. Es muy conocida la historia bíblica de cómo José *el Soñador* interpretó para el faraón el sueño de las siete espigas. Más tarde se hicieron interpretaciones mecánicas, en las que se buscaba un símbolo para entender el contenido inconsciente del sueño. Hoy sabemos que cotejar el símbolo con el contenido manifiesto no es suficiente, porque si bien existen símbolos universales, también existen símbolos culturales específicos, símbolos de una familia y símbolos particulares del sujeto.

Actualmente se considera que el conocimiento de todos los fenómenos que se estudian en psicología general es muy importante para interpretar los sueños, en especial las leyes de la percepción, la memoria y el aprendizaje. Todo lo que se percibe llega al cerebro, ahí se organiza y se integra para que haya percepción, que después se conecta con el inconsciente. Así, el conocimiento de dichas leyes permite utilizarlas como herramientas que el interpretador de sueños debe tener a la mano.

También es necesario dedicar atención a la historia personal del sujeto y a su historia clínica, así como a las asociaciones que la persona hace alrededor del sueño que tuvo, cuya narración, desde los estudios de Freud ([1900]1981b), permite hacer una adecuada interpretación del sueño.

La interpretación de los sueños se realiza en función de lo que el paciente enfatiza sobre sus sueños. El psicoanalista, siempre atento al paciente, con una atención flotante, escucha el relato del sueño para rescatar aquello en lo que el paciente se detiene una y otra vez. Aquí se aplica la ley de la intensidad de la percepción. Al asociar, el paciente también puede modificar la sintaxis de lo que dijo, o bien, puede darle mayor fuerza a alguna palabra o segmento del sueño de forma inconsciente. El psicoanalista toma estos elementos como datos e interpreta el sueño. Esta forma de interpretar el sueño resulta muchas veces terapéutica y muy clara para el paciente.

La interpretación de los sueños sigue siendo, para el psicoanálisis, un nódulo de la curación. Sirve como instrumento para diagnosticar, evaluar y llevar el control del tratamiento del paciente, y constituye una forma mediante la cual se le ayuda a resolver los problemas que lo llevaron a tratamiento.

Es importante considerar la interpretación de los sueños como un proceso, un instrumento esencial para la exploración del inconsciente —los sueños son la vía más importante para llegar a él—, una forma de evaluar el tratamiento psicoanalítico que permite lograr cambios que favorecerán la salud mental del paciente. El psicoanálisis, sin la inclusión de la interpretación de los sueños como una herramienta, queda como un método inexacto e incompleto.

Hay que considerar que soñar es terapéutico en sí mismo. El psicoanalista, de alguna forma, debe solicitar e invitar a sus pacientes a que sueñen, ya que el simple hecho de hacerlo es una forma de aliviar los problemas. El sueño es un compromiso en el que el Yo expresa una parte del conflicto, una parte de la pulsión; a través de los sueños, el Yo también deja fluir una parte de sus fantasías y tendencias inaceptables para sí mismo. Además, salvo en el sueño, el Yo no deja salir aquello que parece vergonzoso, culposo o doloroso al sujeto.

Aún más, cuando el paciente llega a su sesión y narra su sueño, este acto constituye un segundo momento terapéutico, ya que contar sus sueños le permite al soñante hacer una reinterpretación que, muchas veces, lo llevará a sorprenderse, a alterarse, puede que hasta sufra dolor y angustia. El hecho de que el psicoanalista esté presente le permite al paciente sentirse protegido y cuidado.

Un tercer momento terapéutico del sueño es cuando el analista lo escucha y le da una interpretación. La interpretación de los sueños no es más que una traducción de lo inconsciente al consciente y, cuando el paciente es consciente del contenido latente de sus sueños, mejora su salud mental.

Introducción

En la historia de la humanidad los sueños han sido objeto de curiosidad y duda, ya que, para los seres humanos de todas las culturas y civilizaciones, ha resultado enigmático conocer su significado y su relación con el mundo de la vigilia.

Los pueblos de la Antigüedad ya se interesaban por el origen y la interpretación de los sueños. En la sociedad mesopotámica, por ejemplo, los sueños tuvieron una interpretación apegada al razonamiento y una codificación de situaciones objetivas (Becker, 1973). Por otra parte, en la mitología, los sueños tienen relación con el mundo de los dioses, porque les permiten a estos hacer revelaciones y anunciar el porvenir. Con los pensadores jónicos, escuela filosófica fundada en el siglo VI a.C., comenzó la búsqueda de principios y herramientas conceptuales para explicar el significado de los sueños. Aristóteles, en el siglo I a.C., elaboró la primera clasificación de los sueños de acuerdo con sus fuentes: provenientes de los dioses, los demonios o la actividad del alma.

Para la sociedad islámica de la Edad Media, la espiritualidad del ser humano estaba basada en una teoría profética, en tanto que, en el ámbito popular, se vinculaban los conflictos arquetípicos ancestrales por medio de leyendas. Durante el medievo europeo se desarrolló una teoría del conocimiento que consideraba los sueños como hechos objetivos que comunicaban a la persona con lo sobrenatural. En paralelo, en los ámbitos mesoamericanos, el sueño fue concebido como una de las formas de la dualidad cuerpo-espíritu; sin embargo, tenía una esencia profética y, en ocasiones, su objetivo era conocer la causa de las enfermedades.

Dando un salto en la historia, a principios del siglo XIX, con la aparición del pensamiento científico, se otorgó a los sueños un significado fisiológico y

13

se consideraron como un proceso somático que se manifestaba en el aparato psíquico. A finales de ese siglo, comenzó a reconocerse su naturaleza psicológica y con eso surgieron más interrogantes sobre la relación de los sueños con la vigilia, sus contenidos, sus mecanismos, sus fuentes.

A partir de entonces, especialistas en el área de la medicina y la psicología definieron una posición crítica respecto a la participación de los sueños en la actividad psíquica y a la idea de considerarlos productos de las percepciones durante la vigilia. La mayoría de las explicaciones de los sueños contenidas en la bibliografía científica de esa época expresaban una negativa a aceptar la participación psíquica en la génesis de los sueños, así como la influencia del olvido en estos.

Tal era el caso de algunos autores citados por Freud (1900/1981b), como Strumpell, quien explicaba el olvido en los sueños diciendo que el fenómeno onírico toma de la vida diurna solo detalles aislados que carecen de conexiones psíquicas, lo cual hace que no puedan ser recordados en la vida despierta, o como Lemoine, para quien la incoherencia de las imágenes oníricas era el único carácter esencial del sueño.

Por otro lado, Maury, también citado por Freud (1900/1981b), sostuvo que el contenido de los sueños estaba determinado siempre por la personalidad individual, la edad, el sexo, la cultura, los modos de vida y los acontecimientos de la vida de quien sueña; así, daba mayor importancia a la estructura psicológica y la personalidad individual del soñante.

Por su parte, Jung (1964), discípulo de Freud, postuló que el sueño surge de una parte del alma que no conocemos y se ocupa de la preparación del día siguiente y sus acontecimientos. Para él, el sueño consiste en una serie de imágenes aparentemente contradictorias y absurdas, pero contiene un material que, una vez traducido, posee un sentido claro. Además, señalaba que no era posible interpretar un sueño sin conocer la historia del soñador.

Freud, sin embargo, fue quien realmente estableció un método científico para el conocimiento de los sueños, que plasmó en su obra *La interpretación de los sueños* (1900/1981b). En este texto, Freud plantea la existencia del inconsciente, el cual posee una actividad ininterrumpida y se manifiesta en el periodo de reposo por medio de los sueños, como determinante de la conducta, los pensamientos y afectos del individuo.

Capítulo 1. El sueño en el desarrollo individual

Ritmos biológicos

El ritmo cotidiano en el ser humano es el ciclo sueño-vigilia, que adquiere importancia cuando, al llegar a los 60 años de edad, la mayoría de las personas se percata de que ha pasado veinte años durmiendo ("¡que veinte años no es nada...!", dice el tango).

Durante más de dos décadas los investigadores han dicho que casi cualquier sistema vivo presenta un ritmo de aproximadamente 24 horas. Los ritmos circadianos (del latín *circa*, que significa "alrededor de", y *dies*, "día") son oscilaciones de las variables biológicas en intervalos regulares de tiempo cuya duración aproximada es de un día. Estos ritmos intervienen en la sincronización de la conducta y la homeostasis corporal o autorregulación del medio interno.

El sueño forma parte de los ritmos circadianos del individuo. Casi una tercera parte de la vida se emplea en dormir y los sueños son motivo de investigación en diversas áreas de la ciencia. El sueño está delineado por un proceso de maduración, es decir, los mecanismos neuronales involucrados en la creación y el control de los sistemas que forman el acto de dormir están determinados por la edad del sujeto.

También existen los ritmos ultradianos, cuyo periodo oscila desde algunos minutos hasta algunas horas —son más cortos que los ritmos circadianos—, y los ritmos circanuales, que están regidos por factores exógenos, como el cambio de estaciones y la disponibilidad de comida.

Sueño y vigilia

El sueño se caracteriza por la ausencia de conducta motora y se clasifica en el sueño de ondas lentas y el sueño de movimientos oculares rápidos (MOR). Con la relajación o al cerrar los ojos aparece un ritmo distinto al de la vigilia que consiste en una oscilación regular a una frecuencia de 9-12 Hz, conocida como ritmo alfa, que en algún momento desaparece y es reemplazada por eventos de frecuencias irregulares de amplitud más pequeña. Este estadio se conoce como estadio 1 del sueño lento; durante este periodo, los latidos del corazón se vuelven más lentos y existe una reducción de la tensión muscular. Los sujetos durmientes que son despertados durante este estadio no se dan cuenta de haber permanecido en él, aun cuando dejaron de responder a los estímulos externos. Este periodo dura algunos minutos y da paso al estadio 2 del sueño.

El segundo estadio se define por eventos del electroencefalograma (EEG) denominados *husos*, que no son otra cosa que descargas eléctricas cerebrales periódicas. En la primera parte del sueño de una noche, ese estadio lleva al estadio 3, que se define por la aparición de husos mezclados con ondas lentas (alrededor de una por segundo) de amplitud bastante grande. Durante este periodo los músculos se mantienen relajados y las frecuencias cardiaca y respiratoria disminuyen.

El estadio 4 del sueño se define por una continua sucesión de ondas lentas de elevada amplitud. Los estadios del 1 al 4 forman parte del sueño de ondas lentas. Después de una hora, una persona por lo general se encuentra en el primer periodo del sueño. El durmiente humano regresa al estadio 2 y se crea una pauta diferente. En el electroencefalograma aparecen distintos registros: un patrón de pequeña amplitud y actividad rápida similar a la de la persona despierta, pero sin la tensión de los músculos posturales del cuello, que desaparece; esta divergencia se conoce como sueño paradójico. La frecuencia respiratoria y el pulso se hacen más rápidos e irregulares. Los ojos presentan movimientos rápidos bajo los párpados cerrados, por lo que se conoce como sueño MOR. El registro del EEG muestra que el sueño consiste en una secuencia de estadios en vez de solo un periodo inactivo.

El sueño de una noche

Las medidas comunes de una noche de sueño abarcan el tiempo de sueño total, la duración y frecuencia de los diferentes estadios del sueño y medidas de su secuencia.

El tiempo total de sueño en adultos jóvenes comprende entre siete y ocho horas, de las cuales, entre 45 y 50 por ciento corresponde al estadio 2. El sueño MOR abarca 25 por ciento del sueño total. Los ciclos son más cortos al principio de la noche y se caracterizan por una mayor cantidad de estadios 3 y 4 del sueño de ondas lentas. En contraste con el sueño MOR que es más frecuente en los ciclos posteriores.

El primer periodo MOR es el más corto, a veces solo dura de cinco a 10 minutos, mientras que el último, justo antes de despertarse, puede durar hasta cuarenta minutos en adultos normales. El ciclo de sueño de 90-110 minutos está considerado por algunos investigadores como la instancia de un ciclo básico de descanso-actividad.

Variaciones en el patrón del sueño humano

El esquema del sueño humano muestra variaciones que pueden relacionarse con el nivel de maduración y con estados funcionales como el estrés, el efecto de fármacos y otros varios estados internos y externos.

Ciertos estilos de vida, sobre todo aquellos que generan una impresión pesimista del mundo (Hartmann, como se cita en Rosenzweig y Leiman, 1992), pueden requerir más sueño y los periodos MOR más prolongados de este grupo reflejan la importancia de este estado en los procesos de recuperación psicológica.

Los sueños MOR incluyen historias que implican experiencias perceptivas antiguas y la sensación de la vivencia de sonidos, olores, actos y visiones. Estos eventos parecen reales y, si se está soñando, se viven como reales. En los despertares del sueño MOR los sujetos soñantes pueden dar información sobre el sueño con más frecuencia que si se trata del sueño de ondas lentas.

Se ha especulado sobre el origen del sueño y se ha relacionado con fuentes de estimulación externa o del cuerpo, especialmente del estómago. Hobson (como se cita en Rosenzweig y Leiman, 1992) mencionó que los sueños pueden atribuirse a eventos endógenos en el cerebro que el soñante no puede controlar y llama a este sueño hipótesis de la activación-síntesis.

Algunos investigadores consideran los sueños como un proceso de recuperación corporal, un acto biológico sin una connotación específica. Para otros, representan la realización de deseos y tienen el papel de resolver problemas, se trata, pues, de la recuperación y activación de procesos psicológicos. Los investigadores con esta visión dicen que, si se registraran los sueños que se producen durante la noche, conoceríamos más de nosotros mismos.

Cambios en el sueño según el desarrollo del ser humano

El proceso de vida de un bebé tiene más requerimientos que un adulto para subsistir; así, el sueño, considerado como un recurso indispensable para el cumplimiento del desarrollo, ocupa gran parte de la actividad del recién nacido. La fenomenología del sueño contempla parámetros cuantitativos y cualitativos para evaluar su función y conocer el índice de desarrollo cerebral.

Brailowsky (1999) investigó los diferentes estados conductuales que se generan en la vida intrauterina del feto; a través del ultrasonido y la recepción de los patrones de interferencia que se traslucen por los tejidos, se obtienen imágenes de los movimientos intrauterinos. Debe considerarse este estudio como un motivo de debate, ya que afirma la existencia de la vida psíquica antes de nacer. Los registros tanto eléctricos como conductuales están asociados para la medición de los ritmos cerebrales correspondientes al sueño.

El surgimiento de la conducta fetal

El ser humano es objeto de estudio desde antes del nacimiento. Con base en los hallazgos sobre los MOR, se establece la pauta para la investigación de las diferentes fases del desarrollo del sueño, sobre todo cuando se descubre que no es un estado aplanado, inactivo y en su profundidad existen aspectos interesantes y reveladores.

En la evaluación del sueño del lactante se consideran tanto los estudios conductuales como los poligráficos. Los estudios conductuales se refieren a los movimientos faciales (muecas o gestos corporales, si mantienen los ojos abiertos o cerrados y la vocalización). Los estudios poligráficos se refieren al EEG y al registro de los movimientos oculares, para la medición de estos últimos se emplea un cristal piezoeléctrico aplicado al párpado, el cual registra los desplazamientos del globo ocular.

También se pueden registrar la temperatura y el nivel del oxígeno sanguíneo mediante el uso de transductores especiales y en niños más grandes es posible estudiar la respuesta galvánica de la piel (activación de glándulas sudoríparas), el índice de la actividad vegetativa (simpática) y el índice de los cambios emocionales, posiblemente ligados a los sueños.

El sueño y la vigilia del prematuro

Para considerar las diferencias individuales, el proceso de sueño-vigilia no aparece antes de las 36 semanas de edad gestacional (Monod y Tharp, como se cita en Brailowsky, 1999) y los registros obtenidos en niños prematuros de 27 a 29 semanas muestran actividades variables continuas y discontinuas, con periodos de inactividad que pueden durar hasta 60 segundos.

En bebés de 30 a 31 semanas de edad gestacional (EG), las ondas lentas se vuelven más estables y pueden durar de 40 a 60 segundos, con actividades más rápidas superpuestas. Estos periodos de ondas lentas suelen acompañarse de movimientos oculares; se trata de los primeros signos de la fase de sueño activo (SA), fase que se define mejor entre las 32 y 34 semanas de EG y ocupa la mayor parte del registro del EEG. A esta edad se empiezan a individualizar los periodos de sueño tranquilo (ST), que se observan por una disminución en la motilidad y la desaparición de movimientos oculares. A partir de la semana 36 de EG, los dos estadios de sueño (activo y tranquilo) se encuentran individualizados, aunque el trazo del EEG es diferente al del recién nacido a término.

El sueño y la vigilia en el primer año de vida

Entre el nacimiento y los seis meses de edad, es factible obtener el registro del EEG correspondiente al sueño, ya que es el estado preponderante en esta etapa. Hasta la edad de cuatro meses, el inicio del sueño se caracteriza por la lentificación y el aumento progresivo de la amplitud de los ritmos del EEG de la vigilia a partir de que el bebé cierra los ojos, aunque conductualmente se puede establecer la emergencia de un ritmo circadiano (cercano a un día) a partir de la sexta semana de edad (Banford, como se cita en Brailowsky, 1999).

Sin embargo, que el niño tenga los ojos cerrados no es una evidencia de que se encuentra en la fase de sueño, lo mismo pasa cuando tiene los ojos abiertos, ya que los ritmos del EEG indican que está dormido (Cursi-Dascalova, como se cita en Brailowsky, 1999).

A partir de los cuatro meses la somnolencia se acompaña de una lentificación de los ritmos cerebrales, más evidentes a los cinco o seis meses de edad. La duración total de la fase de sueño activo se acorta debido a la disminución del número de episodios de sueño en un día.

En la misma relación, el número y la duración de los episodios de ST aumentan con la edad (Hoppenbrowers, como se cita en Brailowsky, 1999) y el

porcentaje de duración de la fase de sueño indeterminado (SI) no varía signi-
ficativamente en los dos primeros meses de edad.

Los bebés pequeños duermen más que los grandes; el sexo o el orden de
nacimiento (si se trata del primer hijo, del segundo o del cuarto) no altera
la duración o el número de episodios de sueño, pero el patrón sí cambia de
acuerdo con la dificultad de la madre para alimentar al bebé (Banford, como
se cita en Brailowsky, 1999).

Se describe a continuación la fenomenología del sueño que se presenta
durante el primer año de vida (Louis *et al.*, como se cita en Brailowsky, 1999):
disminución continua del tiempo total de sueño MOR y de la fase de sueño
indeterminado y un aumento en la duración de la vigilia, el sueño tranquilo y
las fases uno y dos del sueño.

Cuadro 1.
Criterios para la calificación de las fases de sueño en el lactante

Etapa	Foco
Sueño activo (SA)	Ausencia de tono muscular y tres de los siguientes criterios: 1. Al menos un movimiento ocular, independiente de otros movimientos corporales. 2. Variaciones del ritmo ventilatorio superiores a 25 respiraciones por minuto. 3. Pequeñas sacudidas o movimientos discretos. 4. Ausencia de husos en el EEG.
Sueño tranquilo (ST)	Se requiere que se cumplan los siguientes criterios: 1. Variaciones respiratorias inferiores a 25 por minuto. 2. Ojos cerrados. Ausencia de movimientos oculares. 3. Presencia de tono muscular o de husos en el EEG o ambos.
Vigilia	Debe cumplirse al menos uno de los siguientes criterios: 1. Tono muscular sostenido y periodos de actividad. 2. Ojos abiertos. 3. Variaciones respiratorias mayores de 45 por minuto. 4. Vocalización. 5. Movimientos corporales evidentes.
Sueño indeterminado (SI)	Son todos los minutos en los que no se reunieron los criterios de las otras fases o de aquellas fases que duraron menos de 30 segundos (estados transicionales).

El sueño y la vigilia a partir del segundo año de vida

A los 24 meses (dos años) de edad la duración total del sueño y de la vigilia es aproximadamente la misma (12 horas). Esta duración va disminuyendo, sobre todo durante la noche; así, la duración total del sueño hacia los cuatro años de edad es de 10 a 13 horas. En la adolescencia, el sueño total se reduce a los valores del adulto joven, es decir, de siete a ocho horas.

Con relación a los criterios de evaluación de las diferentes fases del sueño, desde los tres años de edad se equiparan a las del adulto. Resulta incuestionable la relevancia del estudio de las fases del sueño a fin de identificar los diferentes estadios de las funciones cerebrales para un mejor conocimiento de carácter profiláctico del ser humano.

Capítulo 2. Sueños y procesos mentales

La percepción en el sueño

Es un hecho que el psicoanálisis ha tenido un reconocimiento científico importante, sobre todo la técnica de la interpretación de los sueños, que se sigue considerando como la vía regia para llegar al inconsciente. En la actualidad, se toman en cuenta las nuevas aportaciones de la psicología general, pues se considera que es útil incluirlas para mejorar y enriquecer la interpretación. Así, se deben estudiar los conceptos útiles para ser incluidos y mejorar la interpretación, en especial los relativos a la percepción. Estos conceptos son fundamentales para entender tanto la realidad de la percepción consciente como la alucinación inconsciente en el sueño.

Si se incorporan los hallazgos científicos de la psicología general a la teoría y técnica de la interpretación de los sueños, se podrá ser más certero en la interpretación. A fin de cuentas, la psique es una, el aparato mental es uno y todo obedece a una congruencia de la personalidad. Los sueños son congruentes también en cuanto a la expresión de la conducta según todos los aspectos de la personalidad. El punto de partida es que la percepción es a la consciencia lo que la alucinación al sueño.

En el sueño se alucina, se percibe de manera deformada o distorsionada; la percepción en el sueño es la alucinación. Para la psique, la forma de percibir la realidad consciente es la misma que la forma de percibir la alucinación en el sueño. Las dos son realidades psíquicas: una consciente, la otra, inconsciente.

La sensación engloba el acto de recibir los estímulos a través de los sentidos —la vista, el oído, el tacto, el gusto, el olfato—, así como por otros medios (Sperling, 1991), que son los sentidos viscerales —estómago, intestinos, hígado, corazón, vejiga y órganos genitales— y los receptores del frío, el calor, el dolor, la presión y los movimientos tanto kinestésicos como cenestésicos. La percepción es, pues, el proceso activo de buscar en forma dinámica la información del estímulo sensorial para organizarlo e integrarlo hasta llegar a interpretarlo en el cerebro y en la consciencia de la realidad objetiva. La percepción de la realidad se produce a lo largo de las siguientes fases:

1. *La atención*, que selecciona los datos particulares de la estimulación sensorial.
2. *La clasificación* de dichos datos particulares en cuanto a la propiedad de constancia de la percepción de las cosas como son:

   a) Tamaño y forma: Significa conservar la capacidad de percibir los objetos, explorar cómo se conocen, a pesar de los cambios en el estímulo sensorial que estos producen; de manera que la distancia o la posición de los objetos en ciertos ángulos, que los objetos reflejan en la imagen de la retina, generan una percepción diferente de la forma del objeto. Por ejemplo, una puerta que está abierta da la impresión de tener la forma de un trapecio, pero se sabe que tiene una forma rectangular constante. Un ejemplo sobre la distancia es el de un hombre que a lo lejos se puede ver de cinco centímetros, pero se sabe que mide 1.80 metros.

   b) Constancia de color: Los objetos familiares mantienen su color bajo una variedad de condiciones de brillo y luminosidad (incluso en la luz nocturna) siempre y cuando exista suficiente contraste y sombra. Por ejemplo: todos sabemos que los árboles son verdes y adquieren diferentes tonalidades de verde dependiendo de la longitud de onda, pero por la noche, dada la pérdida del brillo y luminosidad, se perciben negros. Sin embargo, sabemos que son verdes, independientemente del tipo de árbol o de brillo y luminosidad.

   c) Constancia de localización: A pesar del movimiento del propio sujeto, el cerebro actúa de tal forma que ayuda a mantener a las personas y a las cosas que están estáticas "en su lugar". Por ejemplo: en nivel macro no importa el lugar de la ciudad en que nos encontramos, sabemos que el Estadio Olímpico Universitario está al sur de la ciudad y conocemos el lugar específico donde vivimos, que es estático. También podría ejemplificarse diciendo que el paciente en el diván siempre estará en el mismo lugar sin importar si el psicoterapeuta se mueve.

d) Percepción del espacio: La noción del espacio se adquiere al experimentar las sensaciones de movimiento en asociación con la percepción visual que diferencia la forma, la magnitud y la distancia a la que se encuentran los objetos del entorno, dando como resultado la visión espacial tridimensional.

e) Percepción del tiempo: Es el reflejo objetivo de la duración de la velocidad y de la continuación de los fenómenos reales. El individuo está sometido constantemente a estimulación sensorial de diferentes fuerzas y cualidades, y percibe en cada estímulo una señal en el tiempo que ha transcurrido desde el comienzo de la estimulación hasta su final. En otras palabras, el intervalo entre el estado de excitación y de reposo de las células nerviosas sirve de señal de tiempo para el hombre. El tiempo se puede alterar subjetivamente, sin embargo, una hora son 60 minutos.

f) Percepción de movimiento: Es la capacidad de percibir el cambio de configuración. Los objetos que se mueven lo hacen contra un fondo de objetos inmóviles (o que se mueven de forma diferente), o bien, el propio sujeto sirve como punto fijo de referencia respecto al cual se juzga el movimiento. También pueden ser los límites anatómicos del cuerpo del observador en el campo visual los que proporcionan un punto fijo de referencia para juzgar el movimiento. Por ejemplo: podemos decir que un avión está en movimiento en relación con un punto de referencia estático, el punto de partida de la pista del aeropuerto, la propia pista y el aeropuerto. De la misma forma, en psicoterapia, percibimos el movimiento del paciente en relación con un punto estático que puede ser un síntoma, un tipo de situación especial familiar o un conflicto. Igualmente, en la alucinación del sueño, las cosas se mueven con referencia a puntos fijos.

Las constantes demuestran que la percepción es un proceso de construcción que primero analiza las fuentes físicas de energía y luego las organiza e integra. A continuación, en el proceso de percepción, se describe la fase tres.

3. *Se integran* los estímulos sensoriales al percibir las cosas como una unidad, se agrupan y organizan las características de los estímulos con base en los principios de las leyes de la percepción; estas leyes operan en la misma forma en la alucinación del sueño y son las siguientes:

a) Proximidad: Tendencia a agrupar objetos que están cerca unos de otros.

b) Similitud: Tendencia a agrupar objetos de la misma forma, tamaño o cualidad.

c) Continuidad: Tendencia a percibir como un solo estímulo varios estímulos, como si no existiera un límite; en otras palabras, todos los elementos parecen seguir una dirección uniforme a fin de permitir la continuación de un aspecto de la figura.

d) Destino común: Varios elementos están en movimiento en trayectorias paralelas; por ejemplo: varios estudiantes de un determinado grado de primaria.

e) Simetría: Se da prioridad a la figura más natural y equilibrada sobre las que no tienen equilibrio; en la alucinación del sueño se recuerdan las figuras más significativas y más simétricas.

f) Buena figura: Tendencia a percibir la figura más sencilla (con menos información) y con más estabilidad entre todas las alternativas posibles, pero que conservan su forma.

g) Cierre o totalidad: Tendencia a percibir cosas como unidades enteras y a completar un diseño incompleto.

h) Figura-fondo: Tendencia a destacar un elemento del primer plano (figura) y todo lo demás en un segundo plano (fondo).

i) Relación todo-parte: El todo es más que la suma de sus partes.

j) Precisión: Lo que tiene simetría, totalidad, unidad, equilibrio, máxima sencillez y concisión es a lo que se le da prioridad en la percepción.

En la alucinación del sueño tienden a utilizarse estos mismos principios de la percepción (González-Núñez y Oñate, 2000).

El sueño, el aprendizaje y la memoria a largo plazo

Las nociones sobre el aprendizaje de materiales verbales durante el sueño son casi siempre confusas. Delaney (1995) ha encontrado que la información presentada durante el sueño puede reforzar o reactivar los procesos de almacenamiento de memoria y así mejorar la retención. Con esta idea, se puede mencionar la existencia de algún tipo de aprendizaje durante el sueño.

Por otra parte, durante el periodo de vigilia, entre el aprendizaje y la evocación, se producen diversas experiencias que interfieren con el recuerdo adecuado. La memoria disminuye, pero este proceso ocurre con más lentitud durante el sueño. Es un proceso pasivo. Una explicación en torno a esta situación plantea que el sueño proporciona las condiciones para una firme impresión de rastros de memoria duraderos. El sueño funciona como un árbitro para la formación del día (Rosenzweig y Leiman, 1992); asimismo, estos autores sostienen que el sueño clasifica los recuerdos de la jornada, descarta algunos y ayuda a que otros se consoliden.

Trastornos del sueño

Los trastornos del sueño se clasifican en cuatro categorías principales:

1. Trastornos en la iniciación y mantenimiento del sueño (insomnio), insomnio corriente, sin complicaciones, que puede ser *a*) transitorio, *b*) persistente y *c*) estar relacionado con fármacos, uso de estimulantes, abstinencia de depresores, alcoholismo crónico, trastornos psiquiátricos, alteración respiratoria inducida por el sueño y la apnea del sueño.
2. Trastornos por excesiva somnolencia: *a*) narcolepsia y *b*) asociados con problemas psiquiátricos, trastornos psiquiátricos, psicofármacos y fármacos en general y alteración respiratoria inducida por el sueño.
3. Trastornos del programa sueño-vigilia: *a*) transitorios, *b*) cambio de zona temporal por vuelos en avión y *c*) cambio de turno laboral, especialmente trabajo nocturno, persistente y de ritmo irregular.
4. Disfunciones asociadas con el sueño, estadios del sueño o activaciones parciales: *a*) sonambulismo, *b*) enuresis nocturna, *c*) terrores nocturnos, *d*) pesadillas, *e*) crisis relacionadas con el sueño, *f*) rechinar los dientes (bruxismo) y *g*) activación de síntomas cardiacos o gastrointestinales relacionada con el sueño (Rosenzweig y Leiman, 1992).

Capítulo 3. Los sueños y las bases del psicoanálisis

Los cuatro principios del psicoanálisis

Los principios que rigen la teoría psicoanalítica son:

El principio del determinismo psíquico, afirma que, tanto en la mente como en el mundo físico, nada ocurre por casualidad. En la vida psíquica no existe discontinuidad alguna, por lo que cada sujeto y su imagen es la consecuencia de otros acontecimientos psíquicos y cada uno se ubica en una relación coherente y plena de significado con el resto de la vida psíquica del soñante (Brenner, 1983). Hay que considerar que no es un determinismo unívoco sino un determinismo probabilístico y multideterminado, es decir, el sueño está determinado por diferentes motivaciones y su dirección final no es azarosa sino con causas y soluciones opcionales restringidas.

El segundo principio se refiere a la existencia de procesos mentales inconscientes que tienen la capacidad de afectar la conducta consciente y producir en el individuo pensamientos, acciones y sueños.

El tercer principio considerado es el de la compulsión a la repetición que es la tendencia del individuo a repetir conductas normales y patológicas. En la conducta anormal, ya sea neurótica o psicótica, se realiza el fenómeno de la compulsión a la repetición, que es más intenso y frecuente y con contenidos enfermos (González-Núñez y Rodríguez, 2013).

El cuarto principio es el de la homeostasis psíquica, la cual implica que la conducta, sus causas y efectos, trata de mantener un equilibrio emocional y mental que tiende a los extremos; es decir, cuando un conflicto se presenta, si es negativo cada vez se volverá más negativo y cuando el conflicto encuentra su solución positiva y sana, la conducta se moverá por inercia en esa dirección saludable.

Las hipótesis metapsicológicas y los sueños

El estudio del desarrollo del aparato psíquico pasó de una perspectiva médico-biológica a una perspectiva estructural y funcional que enfatiza el proceso del inconsciente sobre los elementos neuropsicológicos. Así fue como se plantearon las seis hipótesis metapsicológicas utilizadas hasta ahora y que retomaremos para estudiar, comprender y analizar la profundidad psicodinámica de los sueños.

1. Hipótesis topográfica. En esta hipótesis se distinguen tres sistemas mentales:

   a) Consciente, que se refiere a lo que está presente en un momento en la mente. La consciencia alude al órgano sensorial para la percepción de las cualidades psíquicas, es todo aquello de lo que nos damos cuenta. Es efímero, pues lo que es consciente en un momento, al siguiente momento ya no lo es.
   b) Preconsciente, que son los procesos de pensamientos y recuerdos que con facilidad pueden hacerse conscientes por medio de un esfuerzo de atención. La censura del sueño es fundamentalmente un elemento superyoico preconsciente.
   c) Inconsciente, que es el proceso psíquico incapaz de alcanzar la consciencia; salvo por medio de técnicas especiales, como la hipnosis, los tests psicológicos, el análisis de los sueños y el psicoanálisis, entre otros.

En el dormir ocurre una decatectización del aparato mental (catexis = energía, *decatectización* significa quitar energía). Sin embargo, ya que parte del sistema inconsciente no tiene acceso al preconsciente, y por lo tanto escapa a su influencia, las energías provenientes de dicha represión permanecen activas y ceden sus catexias. De la misma forma, ciertos contenidos del sistema consciente no están completamente en reposo (restos diurnos). Debido a que las energías presionan para su salida, para su descarga (Guarner y Ramírez, 1978), y amenazan con despertar al durmiente, los sueños constituyen un procedimiento para mantener el reposo.

2. Hipótesis genética. Requiere que la explicación psicoanalítica de cualquier fenómeno incluya proposiciones relativas a su origen psicológico y a su desarrollo (Rapaport, 1968), ejemplo de los principios de esta hipótesis son:

a) Todos los fenómenos psicológicos tienen origen y desarrollo psicológico.

b) Todos los fenómenos psicológicos se originan en propiedades innatas, que siguen el proceso de maduración según un plan básico epigenético.

c) Las formas primitivas de un fenómeno psicológico siguen siendo potencialmente activas, aunque hayan sido desplazadas por formas posteriores.

d) En cada punto de la historia psicológica, la totalidad de las formas primitivas potencialmente activas codeterminan todos los fenómenos psicológicos subsecuentes.

Los sueños permiten precisar el origen y la evolución de los problemas psicológicos de una persona. Con relativa facilidad puede observarse si el origen de un conflicto es una fijación en la etapa oral, anal, fálica (edípica), si su origen es simbiótico, narcisista, etcétera. También los sueños tienen un origen y un desarrollo psicológico. Los sueños se originan en propiedades innatas y son formas primitivas que siguen siendo potencialmente activas, aunque hayan sido desplazadas por otras formas posteriores.

3. Hipótesis económica. Se requiere que la explicación psicoanalítica de cualquier fenómeno psicológico incluya proposiciones concernientes a la energía psicológica empleada en el fenómeno y sostiene que:

a) Existen energías psicológicas.

b) Las energías psicológicas siguen una ley de conservación.

c) Las energías psicológicas están sujetas a la ley de la entropía.

d) Las energías psicológicas están sujetas a transformaciones que aumentan o disminuyen su tendencia entrópica.

En el sueño, en la tentativa de satisfacer un deseo inconsciente reprimido, la catexia, asociada al elemento del Ello en el contenido latente, activa el aparato psíquico para llevar a cabo el trabajo del sueño y logra una descarga parcial por medio de la imagen de fantasía que satisface el deseo y que constituye el sueño manifiesto (Tallaferro, 1990), por lo que pierde su capacidad de despertar a la persona que duerme. Además, permite distinguir la cantidad y el tipo de energía agresiva o libidinal invertida en la conducta señalada. Las catexis investidas en el sueño son energías que siguen la ley de la conservación y la ley de la entropía, y que nos permiten hacer transformaciones de los contenidos de la tendencia entrópica. La cantidad de energía utilizada nos da una jerarquía de la importancia de las personas que intervienen en el sueño y de la gravedad de los conflictos que se representan a través del sueño.

4. Hipótesis dinámica. Esta hipótesis exige que la explicación psicoanalítica de cualquier fenómeno psicológico (por ejemplo, el sueño) incluya proposiciones concernientes a la dirección de las fuerzas psicológicas implicadas en dicho fenómeno.

   a) Hay motivaciones psicológicas, se definen por su dirección y magnitud.
   b) El efecto de las motivaciones psicológicas que actúan simultáneamente puede ser el resultante del trabajo de cada una de estas motivaciones.
   c) El efecto de las motivaciones psicológicas que actúan simultáneamente puede no ser el resultante simple del trabajo de cada una de ellas.

Esta hipótesis explica principalmente la dirección de la conducta y expresa si la conducta tiende a darle prioridad a la madre, al padre, a algún hermano, a la abuela, a algún amigo, a la novia, etcétera. Permite entender hacia dónde está motivada la conducta, sobre todo a nivel inconsciente, así como conocer a las personas que rodean al sujeto y quiénes son las más importantes, además de conocer las situaciones que lo han marcado y los valores que rigen su conducta.

En los sueños fácilmente se distingue la dirección y la fuerza empleada para tratar de satisfacer un deseo, alcanzar una meta o resolver un trauma, ya que las motivaciones se pueden jerarquizar y dejan traslucir el enmascaramiento que el sueño hace.

5. Hipótesis estructural. Requiere que la explicación psicoanalítica de cualquier fenómeno psicológico, incluyendo el sueño, tenga proposiciones relativas a las estructuras que intervienen en él como:

   a) Estructuras psicológicas (también en el sueño).
   b) Las estructuras son configuraciones de cambios lentos.
   c) Las estructuras son configuraciones en las que tienen lugar los procesos mentales, dentro de ellas y también entre y por medio de ellas. En el sueño, el conflicto puede ser intrasistémico (al interior de una estructura

mental) e intersistémico (entre una estructura y otra); las estructuras, sistemas o instancias psíquicas son el Yo, el Superyó, el Ello, el Ideal del Yo y el Yo Ideal. Debido a que el sueño es la expresión inconsciente del deseo y a que el Yo no tiene control sobre el Ello, permite que el conflicto se exprese en la instancia psíquica en la que verdaderamente se encuentra. El sueño también nos dice cuál es la estructura psicológica más involucrada y el deseo de seguir funcionando mediante el principio del placer con la intención de evitar el dolor.

d) Las estructuras están ordenadas según jerarquías.

6. Hipótesis adaptativa. Requiere que la explicación psicoanalítica de cualquier fenómeno psicológico (incluyendo el sueño) tenga proposiciones concernientes a sus relaciones con el medio ambiente. En un estudio estadístico sobre diez mil sueños llevado a cabo por Hall (1992) se concluye lo siguiente: *a*) existen estados psicológicos de adaptabilidad y proceso de adaptación de cualquier momento de la vida y *b*) los procesos de adaptación autoplásticos (los cambios que hace el propio sujeto ante situaciones nuevas o conflictivas) o aloplásticos (los cambios que el sujeto hace en su medio ambiente para poder adaptarse ante una situación nueva o conflictiva) mantienen, reconstruyen y mejoran los estados de adaptabilidad existentes y así aseguran la supervivencia. En los sueños se privilegian las adaptaciones de tipo autoplástico.

a) Las personas se adaptan a su sociedad, tanto al medio físico como al humano. En los sueños, la adaptación autoplástica está al servicio de la meta de la realización de deseos o la solución del trauma.

b) Las relaciones de adaptación son mutuas: el ser humano y su medio se adaptan uno al otro.

En los sueños se observan con más claridad el tipo de adaptaciones autoplásticas que el sujeto hace y el tipo de adaptaciones aloplásticas que el sujeto desea hacer. Además, los sitios en que suceden los sueños presentan los siguientes porcentajes: 24 por ciento en edificios, 13 por ciento en automóviles, 11 por ciento en lugares de recreo, 9 por ciento en áreas rurales, 9 por ciento en tiendas, 4 por ciento en clases, 4 por ciento en oficinas y 14 por ciento en lugares diversos como restaurantes, bares, campos de batalla, hospitales, iglesias y 12 por ciento varios. Resulta extraño que el lugar donde más tiempo permanecen las personas, el trabajo, aparezca con tan poca frecuencia en los sueños.

Definición de sueño

En el ser humano ocurre un gran número de fenómenos psíquicos, como la hipnosis, el lavado de cerebro, la expresión artística, los actos fallidos, los *lapsus linguae*, los *acting out*, los síntomas, los estados alterados de consciencia a causa de drogas o psicofármacos, y los sueños, que pueden ser conscientes —aquello de lo que nos damos cuenta—, preconscientes —aquello que mediante un esfuerzo de atención podemos traer a la consciencia— o inconscientes —aquellos procesos incapaces de alcanzar la consciencia salvo por medio de técnicas especiales (González-Núñez y Rodríguez, 2013).

Estos fenómenos psíquicos pueden resultar extraños para el individuo, sin embargo, al elaborar un análisis más profundo de su vida psíquica, puede encontrarse que existe una conexión entre los estadios conscientes propios del periodo de vigilia y los inconscientes, que se rigen por las leyes de los procesos mentales inconscientes y, por lo tanto, poseen una sintaxis distinta, motivo por el cual el psicoanálisis considera los sueños como la vía regia al inconsciente. Cada sueño es la consecuencia de otros acontecimientos psíquicos inconscientes y tiene una relación coherente y continua con el resto de la vida mental del individuo.

El sueño es así un fenómeno psíquico, alucinaciones que se tienen durante el tiempo en que se duerme y en las que están en acción, de un modo regresivo, los contenidos psicológicos que fueron reprimidos y traumáticos (Garma, 1970) para el Yo, porque no los pudo rechazar, solucionar o transformar y de forma inconsciente lo llevan a considerar que están ocurriendo en el mundo exterior. A estos contenidos inconscientes, reprimidos, traumáticos, el Yo los trata de enmascarar y hasta puede transformarlos en placenteros antes que permitirles su salida a la consciencia. Todo esto está relacionado con la personalidad del sujeto.

Por su parte, el sueño está constituido por:

Restos diurnos. Son las percepciones de cualquier tipo que se tienen un día antes o cualquier tiempo antes y que, aunque sean nimias, ocurren en la realidad y el sujeto las capta consciente o inconscientemente, sirven como señal para la formación del sueño.

Contenido manifiesto. Son las imágenes del sueño tal como se recuerdan al despertar. Con la expresión contenido manifiesto se designa al sueño antes de haber sido sometido a la investigación analítica, es decir, tal como se presenta al sujeto soñador que efectúa la narración del mismo. Por extensión, se habla del contenido manifiesto en cualquier producción verbalizada (desde la fantasía a la obra literaria que se intenta interpretar por el método analítico).

Contenido latente. Son las imágenes, los deseos o los pensamientos que constituyen su motivo verdadero, el cual intenta llegar al consciente. Es el conjunto de significaciones a las que conduce el análisis de una producción del inconsciente, especialmente el sueño. Una vez descifrado, el sueño no aparece ya como una narración formada por imágenes, sino como una organización de pensamientos, un discurso, que expresa uno o varios deseos.

Censura. Es la expresión represora del Yo, al servicio del Superyó, para que no emerjan contenidos que angustien al sujeto por dolorosos, vergonzosos o culposos. Se entiende por Yo una estructura mental que se rige por el principio de realidad, o sea las cogniciones, emociones y conductas que tienen que ver con la realidad. Se entiende por Ello aquella instancia mental inconsciente regida por el principio del placer, incluye todas las conductas libidinales y agresivas no mediadas por el Yo. El Superyó es la estructura mental inconsciente o consciente que comprende aquel tipo de cogniciones, emociones y conductas que tienen que ver con el principio del deber; toma en cuenta las leyes y normas culturales, sociales, familiares y de pareja. Aquí se incluyen la conciencia moral y los valores. Cuando no se actúa de acuerdo con el principio del deber, el Superyó impone castigos, como la culpa, el remordimiento, el autocastigo, etcétera.

Trabajo de sueño. Es la elaboración secundaria a la cual es sometido el contenido latente para convertirse en contenido manifiesto. En la teoría psicoanalítica del sueño, estos elementos del estado de vigilia del día anterior que se encuentran en la narración del sueño y en las asociaciones libres del individuo que ha soñado se hallan en una relación más o menos lejana con el deseo inconsciente que se realiza en el sueño.

Pueden encontrarse todos los grados intermedios entre dos extremos: cuando la presencia de un determinado resto diurno parece motivado, por lo menos en un primer análisis, por una preocupación o un deseo de la vigilia, y cuando se eligen elementos diurnos de apariencia insignificante por su conexión asociativa con el deseo del sueño.

En 1895 Freud realiza la interpretación de un sueño propio y, en 1900, en su obra *La interpretación de los sueños*, define la función de los sueños como una satisfacción de deseos inconscientes. Más tarde, en *Lecciones introducto-rias al psicoanálisis* ([1915-1917] 1972), considera que el rasgo esencial del trabajo del sueño es la transformación de los pensamientos en una vivencia alucinatoria.

Garma (1970) postula que el trasfondo psíquico de cualquier sueño, aun el más placentero, es una pesadilla; considera que el sujeto que sueña ve inconscientemente la imagen dramática de sus conflictos angustiantes, sin poder rehuirlos a menos que despierte. Dicha imagen ineludible se convierte en una imagen alucinante. Freud (1900/1981b), por el contrario, piensa que la alucinación onírica se origina como consecuencia de la regresión de una satisfacción alucinatoria de deseos.

De la actividad del pensamiento durante la vigilia pueden perdurar restos diurnos que no consiguieron liberarse completamente de su carga de energía psíquica, además de que la actividad diurna pudo despertar un deseo incons-ciente. Durante el reposo, el deseo inconsciente se abre camino y se posa en los restos diurnos, surgiendo un deseo que se desplaza al material reciente. El deseo que quisiera llegar a la consciencia por la vía normal, tropieza con la censura. Tal encuentro desde el inicio le impone una deformación de su transferencia a lo reciente. El estado de reposo no le permite continuar avan-zando, por lo que toma el camino de la regresión, y al hacerlo sigue la atrac-ción que sobre él ejercen grupos de recuerdos en forma de cargas visuales, consiguiendo de tal forma la representatividad. Al convertirse en contenido de representaciones logra evadir la censura, atraer sobre sí la atención y ser advertido por la consciencia, órgano sensorial destinado a la percepción actual de las cualidades psíquicas.

La superficie sensorial de la consciencia, dirigida hacia la preconsciencia, está más insensibilizada por el estado de reposo que la dirigida a los sistemas perceptuales. Una vez que el sueño se ha convertido en percepción, es posible conquistar la consciencia, lo que produce la excitación sensorial y hace recaer sobre el estímulo una parte de la carga de energía disponible en el precons-ciente.

En este sentido, el sueño produce despertar al convertir en actividad una parte de la energía que reposa en el preconsciente y recibe de ella la elabo-ración secundaria que es coherente y comprensible. Se considera que la ela-boración onírica comienza durante el día bajo el dominio preconsciente, la segunda parte se extiende a lo largo de toda la noche. Dicha elaboración da al proceso onírico suficiente intensidad para atraer la consciencia y despertar a lo preconsciente, independientemente del tiempo y la profundidad del reposo.

Los deseos inconscientes se encuentran siempre en actividad para servirse de ellos con cierta cantidad de excitación; sin embargo, el proceso de excitación inconsciente puede tener dos caminos: permanecer entregado a sí mismo o emerger en cualquier punto, procurando una derivación a la motilidad, por lo que su excitación queda ligada o queda la excitación derivada, situación que ocurre en el sueño, en el cual la carga desde lo preconsciente sale al encuentro del sueño, convertida en percepción que se liga a la excitación inconsciente y lo vuelve inofensivo.

Las funciones del sueño

El sueño tiene muchas funciones, no solo el reposo físico, sino también el psíquico, pues hace posible que el soñante dé salida a los procesos mentales; además, existen distintas clases de sueños.

a) Intenta guardar y proteger el reposo. Los sueños sirven para que el durmiente siga durmiendo. El fenómeno onírico no debe considerarse como un estado de tranquilidad, sino como una manifestación de actividad que perturba el descanso, sin embargo, también sirve para que el durmiente continúe durmiendo y no despierte.

b) Los procesos mentales demandan una salida, el sueño permite la salida y expresión de tales procesos mentales al satisfacer la excitación psíquica.

c) El sueño consigue expresar los afectos reales del sujeto, ya sea en forma consciente o enmascarada.

d) Manifiesta un proceso psíquico con sentido y coherente a la finalidad psíquica del sujeto.

e) Permite la realización del compromiso del Yo entre la pulsión y la defensa. A través del sueño se pueden expresar en forma catártica metas, satisfacciones del deseo y traumas, pero no permite la descarga de la energía total investida en esos procesos.

f) Permite la satisfacción enmascarada de deseos inconscientes.

g) Hace el intento de transformar el trauma doloroso en algo más llevadero para el sí mismo.

h) Permite la realización de deseos sexuales y agresivos en forma enmascarada e intenta resolver los conflictos personales de pareja, familiares, sociales y ambientales del sujeto. A través de los sueños se cumplen los deseos activos más vergonzosos, culposos, dolorosos y placenteros reprimidos que se encuentran alojados en el inconsciente. Estos deseos pueden ser tanto de la infancia y la adolescencia como de la edad adulta, en una palabra, son deseos temidos y censurados por la consciencia y por el Yo.

i) El sueño se encarga de someter al dominio de lo preconsciente la excita-ción del inconsciente, garantizando al mismo tiempo el reposo mediante un gasto adicional de actividad despierta. Constituye una transacción que simultáneamente está al servicio de los dos sistemas y realiza am-bos deseos en cuanto se muestran compatibles. Cuando no existe com-patibilidad debido a que la realización conmueve lo preconsciente y amenaza con interrumpir el reposo no se cumple la segunda parte de la función, por lo que se sustituye por el despertar y se produce una elaboración secundaria.

j) Otra función de los sueños es reproducir experiencias traumáticas o sucesos infantiles penosos, ya que al momento de dormir, los conteni-dos reprimidos consiguen vencer las contracargas del Yo —que son las fuerzas psicológicas inconscientes que se oponen a la expresión de los conflictos y su carga inherente—, recreándose una situación traumática, originada por contenidos angustiantes que el Yo no puede rechazar, lo que lo lleva a considerar que están ocurriendo en el mundo exterior (Garma, 1970). El origen del sueño está constituido por los conflictos que se encuentran en el inconsciente: entre contenidos del Ello, el Su-peryó y el mundo exterior que el Yo es incapaz de solucionar, por eso la situación conflictiva actúa de manera traumática y provoca la alucina-ción, la cual el Yo solo es capaz de solucionar de forma ficticia.

k) Además de recrear o revisitar situaciones pasadas, angustiantes o con-flictivas, en el sueño se intenta resolver la situación traumática tenida en la infancia, en la adolescencia o en cualquier otro momento de la vida.

l) El sueño también tiene la función de tratar de restablecer el equilibrio psicológico (Jung, 1964), que es una función complementaria y com-pensadora de la organización psíquica.

m) El sueño permite al aparato psíquico realizar una gran economía de energía mental al realizar los deseos en forma alucinatoria, sin que el Yo pueda controlarlos ni el Superyó contenerlos. Así, no es lo mismo cumplir un deseo en sueños que realizarlo en la realidad, ya que con frecuencia es irrealizable.

n) Los sueños sirven también para favorecer la catarsis del individuo. A través del sueño puede darse una purificación, esto es, estar en paz con el Superyó, dado que entran también en juego otros mecanismos defensivos que exoneran al sujeto de su conducta en el sueño. Así, puede decirse que en general los sueños tienen una función terapéutica, que dan contención y hasta cierto punto elaboran las pulsiones del sujeto y el material reprimido inaceptable para el Yo.

ñ) Existen sueños creativos. El sueño muchas veces sirve para dar solución a un problema que en la vigilia no encuentra solución. Por ejemplo, el caso de un paciente adolescente al que su novia le dejaba recados y al final se despedía con las letras I. L. y M. Cuando le preguntó a su novia qué significaban, ella le respondió, "descífralas", y él tardó dos meses en hacerlo, mediante un sueño. Soñó que su maestra de inglés le preguntaba: "¿Cómo se escribe 'Yo te amo?'", a lo que el contestaba: "I love"; la M quería decir "mucho", expresión que el adolescente y su novia utilizaban. De esta forma, se completó el sueño y se pudo determinar que las letras significaban "te quiero mucho".

o) En el proceso de psicoterapia, están los sueños corroborativos, que sirven para corroborar o comprobar la exactitud de las intervenciones del terapeuta. Se les llama así porque mediante su contenido se corrobora lo trabajado durante la sesión, lo que permite al terapeuta afirmar o corregir su línea de intervención.

p) Existen sueños repetitivos que sirven para saber si un problema se ha resuelto. Un sueño que se repite es un estado interno, un problema o situación que no ha sido resuelto en la vida del sujeto.

q) Existen sueños premonitorios, que pueden anunciar al sujeto datos sobre sucesos futuros relacionados con su propia conducta y metas. Los elementos cognoscitivos entran en juego en este tipo de sueños. Mediante la inteligencia, la memoria, la atención, el aprendizaje, etc., el sujeto capta probabilidades de que algo bueno o malo le suceda y lo sueña.

r) Los sueños de comodidad sirven para que el durmiente siga durmiendo. El fenómeno onírico no es solo un estado de tranquilidad, sino una manifestación de actividad que perturba el descanso, y sirve para que el durmiente continúe durmiendo. Por ejemplo, al escuchar el despertador la persona lo apaga y sueña que se levanta, se baña y de pronto se despierta cuando su coche no encendió para ir a trabajar. Así, el sueño cumplió la función de permitirle seguir durmiendo.

s) Existen sueños a colores que tienen que ver y representan aspectos anales del desarrollo del sujeto (Garma, 1970; Ramírez, Guarner y Díaz Portillo, 1985). Se trata de sujetos con fijaciones en la etapa de aprendizaje del control de los esfínteres anales, el cual ocurre entre el año y medio y los tres años de edad, y el color queda asociado al color de las heces, que luego se desplaza al interés por todo tipo de colores. Por lo tanto, existiría una analogía entre los sueños de colores y la presencia de memorias pantalla. Esto se refiere a la impresión mental de determinados colores debido a que quedan asociados con algún aspecto traumático. Ciertos pintores, según su personalidad, tienen predilección por determinados colores igual que el sujeto tiene predilección por ciertos colores soñados. No se descarta que quienes sueñen a color tengan un nivel de inteligencia más elevado.

t) El sueño se inicia a partir de una o varias situaciones desagradables que la persona es incapaz de dominar, elaborar o transformar de un modo normal. Estas situaciones son traumáticas. Es decir que, en el sueño, la persona expresa a qué situación traumática se quedó fijada psicológicamente. De esta manera, el sueño es una forma mediante la cual el Yo logra vencer el desagrado psíquico originado por las situaciones traumáticas. El intento de vencer el desagrado emocional se efectúa mediante la satisfacción del deseo. La alucinación del sueño se debe, entonces, a la influencia de las situaciones traumáticas y al deseo que se satisface.

u) La pesadilla es un estado psíquico acompañado de una angustia intensa, que casi siempre se recuerda al despertar. Se debe a residuos emocionales no metabolizados. Generan más emoción de la que es posible manejar en el momento en que ocurren. La pesadilla representa un intento de la psique de elaborar y darles solución a dichos residuos emocionales no metabolizados que se han vuelto fuente de angustia.

v) El sueño tiene también la función de ayudar en el proceso de psicoterapia psicoanalítica como un recurso para esclarecer las resistencias y para mostrar cómo se encuentra la transferencia del paciente hacia el psicoterapeuta en el proceso analítico. Podría decirse que es como una radiografía del estado de cosas que se encuentra reprimido en el sujeto.

w) Con frecuencia, los psicoterapeutas sueñan a sus pacientes. Estos sueños en general contienen percepciones contratransferenciales del paciente, pero también elementos inconscientes del psicoterapeuta. El sueño del psicoterapeuta tiene la función de esclarecer la contratransferencia psicoterapéutica, es decir, ayuda al psicoterapeuta a entender su verdadera vivencia emocional acerca del paciente al que atiende. La comprensión de dicha vivencia emocional debe ponerse al servicio del tratamiento del paciente. El "sueño de Irma" que tuvo Freud del 23 al 24 de julio de 1895 es un sueño didáctico y ejemplo de este proceso.

Un ejemplo del sueño del psicoterapeuta

Cuando Freud soñó con Irma, era un médico de 39 años, especialista en neurología en la ciudad de Viena. Era un ciudadano judío de una monarquía católica, otrora el Sacro Imperio Romano Germánico. Su familia había aumentado rápidamente, en esa época, Martha, su esposa, estaba nuevamente embarazada. Freud deseaba entonces fortalecer su estatus y aumentar sus ingresos.

Tal deseo se había hecho problemático, no solo porque era judío, sino también por una reciente publicación conjunta con el doctor Breuer y, además, porque se había pronunciado en favor de teorías impopulares y perturbadoras. El libro en cuestión era *Estudios sobre la histeria* (1895/1981), en donde se subraya el papel de la sexualidad en la etiología de las "neuropsicosis" de defensa.

Freud, como investigador, se sintió cada vez más llevado hacia estas ideas de la génesis sexual de las histerias. Había comenzado a pensar, con orgullo a menudo ensombrecido por la desesperanza, que estaba destinado a efectuar un descubrimiento revolucionario por medios no soñados.

La noche del 23 al 24 de julio de 1895, Freud (Breuer y Freud 1895/1981, p. 412) soñó:

> En un amplio hall. Muchos invitados, a los que recibimos. Entre ellos Irma, a la que me acerco enseguida para contestar, sin pérdida de momento, su carta y reprocharle no haber aceptado aún la solución. Le digo: "si todavía tienes dolores es exclusivamente por tu culpa". Ella me responde: "¡Si supieras qué dolores siento ahora en la garganta, el vientre y el estómago!… ¡Siento una opresión!…" Asustado, la contemplo atentamente. Está pálida y abotagada. Pienso que quizá me haya pasado inadvertido algo orgánico. La conduzco junto a una ventana y me dis-

pongo a reconocerle la garganta. Al principio se resiste un poco, como acostumbran hacerlo en estos casos las mujeres que llevan dentadura postiza. Pienso que no lo necesita. Por fin, abre bien la boca y veo a la derecha una gran mancha blanca, y en otras partes singulares escaras grisáceas, cuya forma recuerda la de los cornetes de la nariz. Apresuradamente llamo al doctor M. quien presenta un aspecto muy diferente al acostumbrado: está pálido, cojea y se ha afeitado la barba… Mi amigo Otto se halla ahora a su lado, y mi amigo Leopoldo percute a Irma por encima de la blusa y dice: "tiene una zona de macidez abajo, a la izquierda, y una parte de la piel infiltrada, en el hombro izquierdo (cosa que yo siento como él, a pesar del vestido)". M. dice: "no cabe duda, es una infección. Pero no hay cuidado, sobrevendrá una disentería y se eliminará el veneno… Sabemos también, inmediatamente, de qué procede la infección. Nuestro amigo Otto ha puesto recientemente a Irma, una vez que se sintió mal, una inyección con un preparado a base de propileno, ácido propiónico, trimetilamina (cuya fórmula veo impresa) en gruesos caracteres. No se ponen inyecciones de este género tan ligeramente… Probablemente estaría sucia la jeringuilla.

Al respecto del sueño de Irma, Erikson (1973) sostiene que este documenta una crisis durante la cual la identidad de Freud pierde y recupera su "estado libre de conflictos" (Hartmann, 1962; Rapaport y Gill, 1962). Ilustra también, de acuerdo con este autor, cómo el deseo infantil latente proporciona la energía para este conflicto. Los sueños, en consecuencia, no solo satisfacen crudos deseos de licencia sexual, de ilimitado poder y destructividad sin restricciones; cuando operan, también disipan el aislamiento del sujeto, apaciguan su conciencia y reservan su identidad, cada una de estas cosas de maneras específicas e instructivas.

Comenta Freud (1900/1981b, p.419):

Durante la interpretación me ha costado trabajo defenderme de todas las ocurrencias a las que tenía que incitarme la comparación del contenido del sueño con las ideas que tras él se ocultaban. El "sentido" del sueño ha surgido a mis ojos. He advertido una intención que el sueño realiza, y que ha tenido que constituir su motivo. El sueño cumple algunos deseos que los sucesos del día inmediatamente anterior (las noticias de

Otto y la redacción del historial clínico) despertaron en mí. El resultado del sueño es, en efecto, que no soy yo, sino Otto, el responsable de los dolores de Irma.

Otto me ha irritado con sus observaciones sobre la incompleta curación de Irma, y el sueño me venga de él, volviendo en contra suya sus reproches. Al mismo tiempo me absuelve de toda responsabilidad por el estado de Irma, atribuyéndolo a otros factores, que expone como una serie de razonamientos, presenta las cosas tal y como yo desearía que fuesen en la realidad. *Su contenido es, por lo tanto, una realización de deseos y su motivo, un deseo.*

Todo resulta evidente, pero también se nos hace comprensible, desde el punto de vista de la realización de los deseos, una gran parte de los detalles del sueño. En este me vengo de Otto no solo por su parcialidad en el caso de Irma (atribuyéndole una ligereza en el ejercicio de su profesión, la inyección), sino también por la mala calidad de su licor, que apestaba a amílico, y halló una expresión que reúne varios reproches: una inyección con un preparado a base de propileno. Pero aún no me doy por satisfecho y continúo mi venganza situándola frente a su competidor. De este modo me parece que le digo: "Leopoldo me inspira más estimación que tú". Tampoco es Otto el único a quien hago sentir el peso de mi cólera. Me vengo también de mi indócil paciente, sustituyéndola por otra más inteligente y manejable. De igual modo, no dejo pasar sin protesta la contradicción del doctor M., sino que, por medio de una transparente alusión, le expreso un juicio de que en este caso se ha conducido como ignorante ("sobrevendrá una disentería", etc.) y apelo contra él ante alguien en cuya ciencia fío más (ante aquel amigo mío que me habló de la trimetilamina), en la misma forma que apelo a Irma ante su amiga, y a Otto ante Leopoldo. Anuladas las tres personas que me son contrarias, y sustituidas por otras tres de mi elección, quedo libre de los reproches que no creo haber merecido. La falta de fundamento de estos reproches queda también amplia y minuciosamente demostrada en mi sueño. No me cabe responsabilidad alguna en los dolores de Irma, pues si continúa padeciéndolos es exclusivamente por su culpa al no querer aceptar mi solución. Tales dolores son de origen orgánico, no pueden ser curados por medio de un tratamiento psíquico, por lo tanto, nada tengo que ver con ellos. En tercer lugar, se explican satisfactoriamente por la viudez de Irma (¡trimetilamina!), cosa contra la cual nada me es posible hacer. Además, han sido provocados por una imprudente inyección que Otto le administró con una sustancia inadecuada, falta en la que jamás he incurrido. Por último, proceden de una inyección practicada con una jeringuilla sucia, complicación que nunca he acarreado a mis enfermos. Advierto, ciertamente, que estas explicaciones de los padecimientos de Irma no concuerdan entre sí, sino que se excluyen unas a otras. Toda mi defensa, que no es otra cosa, constituye este sueño, recuerda vivamente la de aquel individuo al que un vecino acusaba de haber devuelto inservible un caldero que le habían prestado, y que rechazaba tal acusación con las siguientes razones: en primer lugar le he devuelto el caldero completamente intacto; además, el caldero estaba ya agujereado cuando me lo prestó; por último, jamás le he pedido prestado ningún caldero. Las razones son contradictorias, pero bastará con que se acepte una de ellas para declarar al individuo libre de toda culpa.

En el sueño aparecen otros temas, cuya relación con mis descargos respecto a la enfermedad de Irma no se muestra tan transparente: la enfermedad de mi hija y la de una paciente de igual nombre; la toxicidad de la cocaína; la afección de mi paciente, residente en Egipto; mis preocupaciones sobre la salud de mi mujer, de mi hermano, del doctor M.; mis propias dolencias, y el cuidado que me inspira la afección nasal de mi amigo ausente (Fliess). Pero todo ello puede reunirse en un solo círculo de ideas, que podría rotularse: Preocupaciones sobre la salud, tanto ajena como propia, y conciencia profesional. Recuerdo haber experimentado una vaga sensación penosa cuando Otto me trajo la noticia del estado de Irma. Del círculo de ideas que intervienen en el sueño quisiera extraer ahora, *a posteriori,* la expresión de que en él halla dicha fugitiva sensación. Es como si Otto me hubiera dicho: "No tomas suficientemente en serio tus deberes profesionales, no eres lo bastante concienzudo, y no cumples lo que prometes". Ante este reproche se puso a mi disposición el círculo de ideas indicado para permitirme demostrar hasta qué punto soy un fiel cumplidor de mis deberes médicos y cuánto me intereso por la salud de mis familiares, amigos y pacientes. En este acervo de ideas aparecen singularmente algunos recuerdos penosos, pero todos ellos tienden más a apoyar las inculpaciones que sobre Otto acumulo que a mi propia defensa. El conjunto de pensamientos es impersonal, pero la conexión de este amplio material sobre el que el sueño reposa, con el tema más restringido del mismo, que ha dado origen a mi deseo de no ser responsable del vestido de Irma, no puede pasar inadvertida.

De todos modos, no quiero afirmar haber descubierto por completo el sentido de este sueño ni que en su interpretación no existan lagunas, podría aun dedicarle más tiempo, extraer de él nuevas aclaraciones y analizar nuevos enigmas, a cuyo planteamiento incita. Sé, incluso, cuáles son los puntos a partir de los cuales podríamos perseguir nuevas series de ideas, pero consideraciones especiales, que surgen de todo análisis de un sueño propio, me obligan a limitar la labor de interpretación. Aquellos que se precipiten a criticar una tal reserva pueden intentar ser más sinceros que yo. Por el momento me satisfaré con señalar un nuevo conocimiento que nuestro análisis nos ha revelado. Siguiendo el método de interpretación onírica aquí indicado, hallamos que el sueño tiene realmente un sentido y no es en modo alguno, como pretenden los investigadores, la expresión de una actividad cerebral fragmentaria. *Una vez llevada a cabo la interpretación completa de un sueño se nos revela este como una realización de deseos.*

Cabe también señalar que en cada sueño contratransferencial se muestran aquellos deseos inconscientes del terapeuta y el sueño además sirve de autocrítica de su labor y ética profesionales, ya que a través del sueño puede conocer si hay algún elemento personal emocional que está interfiriendo con el entendimiento de su paciente y, si es así, resolverlo. Este conocimiento queda al servicio de brindar una mejor atención psicoterapéutica.

Capítulo 4. La elaboración del sueño

Mecanismos de la formación del sueño

En el sueño, las ideas manifiestas resultan comprensibles, sin embargo, el contenido latente está dado como un jeroglífico y, para la solución del contenido del sueño, es necesario traducir cada uno de sus signos del lenguaje de las ideas latentes al lenguaje manifiesto.

Freud (1900/1981b) postula los siguientes mecanismos que contribuyen a la formación del sueño:

1. Condensación. En su contenido manifiesto el sueño es conciso y pobre, en comparación con la riqueza de ideas que posee cuando se traduce a las ideas latentes. Esto ocurre por efecto de la condensación. Este mecanismo es uno de los modos esenciales del funcionamiento de los procesos inconscientes: una imagen única representa por sí sola varias cadenas asociativas en la intersección de las cuales se encuentra. Desde el punto de vista económico, se encuentra en forma de catexis (energías) que, unidas a estas diferentes cadenas, se suman a dicha imagen.

El sueño no es una traducción fiel y completa de las ideas latentes, sino una reproducción incompleta, en la cual se lleva a cabo una selección de las mismas. Cada uno de los elementos del contenido manifiesto demuestra hallarse multideterminado por las ideas latentes y cada una de estas ideas se encuentra representada por varios elementos. Un elemento del sueño latente conduce a varios elementos del sueño manifiesto. La totalidad de las ideas latentes se somete a una elaboración, en la cual los elementos más firmes se ubican en primer lugar y, por lo tanto, son más susceptibles al acceso del contenido manifiesto.

Un elemento del que se sirve la condensación es la constitución de personas colectivas y mixtas; detrás de una persona onírica puede haber una imagen colectiva cuyos rasgos son contradictorios. La constitución de la persona colectiva puede darse al fundir en una imagen onírica los rasgos actuales de dos o más personas, con los resultados de una fisonomía vaga por la superposición de personas. Otro factor es el elemento común intermedio, ya que la determinación múltiple tiene que abrir el acceso al contenido manifiesto. Para llevar a cabo este proceso se realiza un desplazamiento de la atención de lo que se piensa realmente a un elemento próximo en la asociación.

La labor de la condensación es evidente cuando utiliza objetos, palabras o nombres, ya que las palabras se tratan como cosas que sufren uniones, desplazamientos, sustituciones y condensaciones de las que resultan formaciones verbales singulares. El análisis de tales productos verbales puede resultar apropiado para demostrar la función condensadora. Cuando en el sueño aparece un discurso diferenciado, se comprueba que la oración onírica procede de discursos existentes y recordados dentro del material del sueño.

En los síntomas se aprecia la intervención de la condensación. En un síntoma se pueden encontrar representados varios conflictos activos en el inconsciente.

La condensación se ve por el hecho de que el relato manifiesto resulta lacónico en comparación con el contenido latente: constituye una traducción abreviada de este. Sin embargo, la condensación no debe considerarse sinónimo de un resumen: así como cada elemento manifiesto está determinado por varias significaciones latentes, también sucede a la inversa, es decir, cada una de estas puede encontrarse en varios elementos. Por otra parte, el elemento manifiesto no representa con una misma relación cada una de las significaciones de que se deriva, de forma que no las engloba como lo haría un concepto.

2. *Desplazamiento*. En este proceso se transfiere de forma inconsciente un sentimiento o emoción de su objeto a un sustituto más aceptable. Consiste en que el acento, el interés, la intensidad de una representación puede desprenderse para pasar a otras representaciones originalmente poco intensas, aunque ligadas a la primera por una cadena asociativa. Este fenómeno, que se observa sobre todo en el análisis de los sueños, se encuentra también en la formación de síntomas psiconeuróticos (es decir aquellos síntomas que se forman como resultado de la pugna de dos fuerzas contrapuestas que entran

en conflicto: por un lado, hay una pulsión o deseo sexual que desea expresarse en la consciencia y, por otro, hay una contrafuerza que se opone y prohíbe su emergencia porque la encuentra inaceptable, ya que causa culpa, vergüenza o algún otro afecto displacentero al Yo) y, de un modo general, en toda formación del inconsciente.

La teoría psicoanalítica del desplazamiento recurre a la hipótesis económica de una energía de catexis susceptible de desligarse de las representaciones y deslizarse a lo largo de las vías asociativas con otros objetos. El libre desplazamiento de esta energía constituye una de las características del proceso primario que rige el funcionamiento del sistema inconsciente.

Los elementos que se expresan como componentes esenciales del contenido manifiesto no desempeñan un papel similar en las ideas latentes, mientras que aquellos que se muestran como contenido esencial de las ideas latentes pueden no encontrarse representados en el sueño. Esta modificación en la ordenación de los contenidos se lleva a cabo por efecto del desplazamiento.

La múltiple determinación en el sueño no es siempre un factor primario de la elaboración onírica, sino un resultado secundario de un poder psíquico desconocido. De la condensación se desprenden, según las diversas intensidades de los contenidos latentes del sueño, dos elementos diversos: la condensación y el desplazamiento, que nacen por influencia de la censura y son medios para que se efectúe la deformación onírica.

El desplazamiento es uno de los procesos que más influye en la deformación del sueño. Hace que varios pensamientos, ideas, tendencias y conflictos del contenido latente aparezcan representados en el contenido manifiesto.

3. *Elaboración secundaria.* En el sueño, la elaboración secundaria procura dar un sentido manifiesto a los elementos inconscientes del contenido latente; es decir, trata de darle un orden gramatical más preciso y más comprensible al contenido latente. Además de intentar darle un orden lógico y coherente a las alucinaciones del sueño mediante la elaboración secundaria, el contenido manifiesto del sueño tiene un carácter de mayor coherencia para el sujeto; al mismo tiempo, mediante la elaboración secundaria, el contenido manifiesto presenta una menor intensidad perceptiva.

Cuando se interpreta el sueño y se le piden al sujeto sus ocurrencias para hacerlo, casi no hay ocurrencias con respecto a los elementos de la elaboración secundaria y son también elementos del sueño que se olvidan con más facilidad. Mediante esta función, lo que sucede frente al sueño es que el sujeto suele reaccionar con una sensación de extrañeza que no se encuentra en otros procesos psicológicos. La persona sabe que el sueño viene de sí mismo, que lo soñó y sin embargo le extraña. Es esta sensación de extrañeza lo que antiguamente hizo pensar a los estudiosos del sueño y al propio soñante que sus sueños venían del más allá. La elaboración secundaria es la recomposición del sueño destinada a presentarlo en forma de guion relativamente coherente y comprensible para el propio sujeto, aunque le cause extrañeza.

En el soñante puede estar presente un estado de ánimo que sigue bajo la forma de pensamiento del día y tener una fuente somática; sin embargo, para la formación del sueño es indiferente que el contenido de representaciones esté condicionado por la inclinación afectiva o la disposición somática. La formación de los sueños, siempre sujeta a constituir una realización de deseos o una elaboración traumática, toma su fuerza motriz psíquica de cualquier deseo. Los estados de ánimo displacenteros del reposo se constituyen en fuerzas impulsoras del sueño, despertando deseos que el sueño debe cumplir y el material al que están ligados se elabora hasta convertirlo en material utilizable para la realización del deseo, para la elaboración de situaciones traumáticas infantiles o cualquier otra meta inconsciente tenida en la vida despierta.

Esta función psíquica que actúa en la elaboración de los sueños utiliza los elementos del material onírico que resultan adecuados para sus fines y cubre con sus piezas las soluciones de continuidad del edificio del sueño. Como consecuencia, el sueño pierde su primitivo aspecto absurdo e incoherente para aproximarse a la contextura de un suceso racional; sin embargo, al realizar un análisis, se observa que la elaboración secundaria maneja con libertad el material, por lo que las relaciones del mismo sueño resultan de menor consideración. Otros sueños se muestran coherentes al inicio, convirtiéndose más tarde en confusos y disparatados, hasta elevarse de nuevo a la apariencia de comprensibilidad. Hay otros sueños que carecen completamente de elaboración y se muestran con gran cantidad de fragmentos de contenido.

La identificación de la función psíquica que lleva a cabo la elaboración secundaria del contenido manifiesto con la labor del pensamiento despierto (preconsciente) se conduce, ante cualquier material de percepción, del mismo modo que se lleva a cabo en el contenido manifiesto. Es inherente a dicha función ordenar el material, establecer relaciones e incluirlo en un contexto inteligible. El pensamiento normal es la instancia psíquica que trata de hacer comprensible el contenido manifiesto y lo somete a una primera interpretación, a consecuencia de la cual se dificulta aún más su comprensión.

En el sueño, aquellas partes sobre las que ha actuado la elaboración secundaria parecen claras, mientras que son confusas en las que ha fallado la intervención de tal instancia. Dado que las partes confusas del sueño son con frecuencia las más débilmente animadas, se concluye que también depende, en parte, de la elaboración secundaria la intensidad plástica de los diversos productos oníricos. La intensidad plástica se refiere a la intensidad con que el sujeto sueña las figuras o personajes que contienen sus sueños y que es transmitida durante la narración verbal de su sueño. Sin embargo, se ha exagerado la importancia de este factor en la elaboración onírica, al grado que, algunos investigadores, le atribuyen la función total del sueño.

En la elaboración secundaria el sueño no dispone de medios para presentar las relaciones lógicas de las ideas latentes entre sí y deja las conjunciones señaladas al tomar solo el contenido objetivo de las ideas latentes. Cuando expresa una contradicción, existe una contradicción contra el sueño mismo y solo indirectamente existe contradicción entre las ideas latentes.

La elaboración del sueño indica las relaciones de lo soñado a través de diferentes medios:

1. Reproduce la coherencia lógica y la simultaneidad de todos los elementos del contenido latente, reuniéndolos en una síntesis.
2. Con objeto de representar las relaciones causales, utiliza dos procedimientos. El primero es la forma de representación más común, en la que puede quedar el orden de sucesión inverso, pero la frase principal corresponde a la parte más desarrollada. El segundo procedimiento se efectúa cuando el material tiene una menor amplitud y una imagen onírica queda transformada en otra. Ambos procedimientos representan una sucesión de los elementos del proceso onírico.
3. En el sueño no existen alternativas, ya que se realizan todas las posibilidades y se añaden otras del deseo onírico (todo el repertorio interno del sujeto).
4. No existe contradicción alguna y reúne en la unidad las antítesis, las representa mediante síntesis.
5. Representa un elemento por el deseo contrario a él, por lo que se desconoce si se encuentra contenido positivo o negativo en las ideas latentes.

Analogía, coincidencia, comunidad y similicadencia de las palabras con que se narra un sueño, es decir, durante la elaboración secundaria, se presentan con frecuencia por medio de la síntesis en una unidad de los elementos que la componen. Cuando esta unidad no existe en el material del sueño, se habla de identificación, que se utiliza cuando se trata de personas.

La formación mixta, otro mecanismo propio de la producción onírica, se lleva a cabo cuando los elementos son objetos, aunque pueden existir formaciones mixtas de personas y lugares. En la identificación, solo una persona se representa en el contenido manifiesto y las restantes quedan reprimidas en el sueño. Los puntos que son libres de censura permiten constituir una persona mixta, caracterizada por rasgos diferentes. La identificación y formación mixta poseen tres finalidades: *a*) la representación de una comunidad de dos personas, *b*) la representación de una comunidad desplazada y *c*) la de expresar una comunidad deseada.

En todos los sueños interviene la propia persona del sujeto, que puede quedar oculto por identificación, detrás de una persona extraña. Si el Yo se expresa abiertamente, detrás de él se esconde por identificación otra persona. El Yo en el sueño se puede representar de manera múltiple, cuyo resultado es un material muy abundante.

La formación mixta está determinada por la comunidad existente en las ideas latentes, donde quedan representadas las cualidades de un objeto con la convicción de que se refiere a otro. También puede reunir los rasgos de ambos objetos en una nueva imagen, por medio de sus analogías reales.

La inversión de un elemento con su contrario es un modelo de representación que emplea el sueño para expresar la realización de deseos o la elaboración traumática en cualquier momento de la vida, en especial la infantil. La intensidad de los elementos en el sueño aparece determinada sobre todo por los elementos que exterioriza la realización de deseos y después por los elementos dotados de vitalidad que proveen de un amplio número de rutas mentales. Los elementos de mayor intensidad en el sueño muestran ser aquellos cuya formación ha requerido una mayor labor de condensación. Los sueños de una misma noche corresponden a una totalidad y deben considerarse como una parte de la exteriorización de las ideas latentes. También los sueños de determinada época de la vida pueden corresponder a una totalidad.

La imposibilidad de realizar un evento en el sueño es una forma de expresión de la contradicción por medio de la cual se exterioriza el material contrario que ha sido reprimido. Por ejemplo, querer correr pero mantenerse paralizado es un indicador de elementos pasivos de la personalidad y de falta de voluntad. Durante la elaboración secundaria, esto será comunicado como un deseo de correr pero no poder hacerlo.

El desplazamiento en la elaboración secundaria puede manifestarse también por medio de una permuta de la expresión verbal de las ideas correspondientes con la función de sustituir una expresión abstracta por otra concreta. Tal cambio favorece la representatividad, dado que, como ya se dijo, el sueño no puede representar ideas abstractas sino concretas y resulta ventajoso para la condensación y la censura.

La representatividad en la elaboración secundaria, exenta de censura, sigue los cambios trazados por el pensamiento inconsciente y prefiere las transformaciones del material reprimido, que pueden hacerse conscientes por medio de chismes y alusiones que no son privativos de los sueños. El sueño sirve para simbolizar ideas que ya se hallan contenidas en el pensamiento inconsciente y que por escapar de la censura satisfacen todas las exigencias en la formación de los sueños.

En la elaboración secundaria las representaciones oníricas no traen consigo, en todas las ocasiones, aquellos afectos que el pensamiento despierto consideraría correspondientes. Los contenidos en las representaciones, al pasar por desplazamientos, condensaciones, simbolizaciones y sustituciones, y ser transformados por la elaboración secundaria, no corresponden al afecto. El afecto real se conserva intacto.

Los afectos son la parte más resistente a la acción de la censura y, por lo tanto, la mejor guía en la labor de la interpretación. El sueño se encuentra multideterminado con respecto a las ideas latentes, ya que todas las fuentes que son susceptibles de producir el mismo afecto se unen en la elaboración secundaria.

4. *Simbolización*. Puede considerarse como una forma de desplazamiento y es también un proceso que interviene en la elaboración onírica. Cuando en los sueños se observa determinado elemento concreto del contenido manifiesto, este se encuentra relacionado con un elemento reprimido y con el contenido latente. Ese elemento concreto del contenido manifiesto que representa un elemento reprimido del contenido latente es lo que denominamos "símbolo". Para que un elemento concreto del contenido manifiesto del sueño sea

considerado como símbolo debe cumplir una condición primordial: que lo simbolizado esté reprimido.

Freud (1900/1981b) sostenía que es innegable que el sueño exprese a veces el deseo reprimido por medio de un simbolismo. En este sentido se diría que el rey y la reina representan claramente en el sueño a los padres del soñante. La mayoría de las veces, el simbolismo tendría una significación sexual o de otro tipo: un objeto alargado representaría en general el miembro masculino.

Existen símbolos oníricos, pero se debe conocer al soñante, su personalidad, su biografía, el síntoma, así como sus principales conflictos. Freud también mencionaba que existen símbolos universales, culturales, familiares y personales, y que cualquier símbolo requiere para su interpretación un empleo cuidadoso de todo el material de la historia del sujeto, incluyendo a sus antepasados.

La palabra símbolo deriva del griego *simballein*, que significa agrupar, es una idea que reemplaza a otra, de la cual extrae su significado (Gutheil, 1966). El simbolismo se define como un modo de representación indirecta y figurada de una idea, de un conflicto o de un deseo inconsciente, caracterizado principalmente por la constancia de la relación entre el símbolo y lo simbolizado de manera inconsciente. Se manifiesta en diversas actividades del ser humano, como el folclore, el lenguaje, el arte, la religión y los sueños. Freud (1900/1981b) dice que lo simbólico representa la parte inconsciente de un pueblo, por lo que puede encontrarse en los mitos, refranes, leyendas y en los sueños.

Jung (1964) menciona que una palabra o imagen es simbólica cuando existe un aspecto inconsciente que no está definido con exactitud, situación que se remonta a las etapas primitivas del ser humano. Denomina "arquetipos" a aquellos símbolos de las cualidades mentales universales y afirma que ciertas imágenes se depositan en el inconsciente colectivo de la humanidad y en ciertas circunstancias estas imágenes pueden manifestarse en el plano de la consciencia colectiva.

El símbolo surge como una necesidad del ser humano de tener una representación mental que haga referencia a los objetos del entorno y sea anterior al aprendizaje del lenguaje. Resulta entonces una necesidad para el bebé configurar en su mente, por medio de los aparatos autónomos que posee desde el nacimiento, procesos cognitivos que son al inicio percepciones difusas. El pecho materno es una masa amorfa que se acerca a su boca para brindarle satisfacción a su necesidad alimenticia y disminución de la tensión. Cada vez que se repite la experiencia, esta masa amorfa va adquiriendo una forma reconocible y el símbolo surge de la ausencia del objeto real, por sustituciones mnémicas de situaciones que puedan apaciguar la necesidad urgente de la presencia del pecho.

El bebé, por asociación, simboliza objetos que tienen mayor parecido con la percepción de la parte del objeto que necesita, logrando un manejo del símbolo por similitud en percepciones más afinadas y diferenciadas. Poco a poco, el simbolismo se vuelve múltiple y en cada fase del desarrollo psicosexual se va a referir a la primacía correspondiente a cada fase. Freud (1900/1981b) menciona que, con el paso del proceso primario al secundario del funcionamiento psíquico, la forma de simbolizar se vuelve más intrincada, de acuerdo con el desarrollo que permite la adquisición del aprendizaje y el bagaje cultural de mayor cantidad de símbolos, para cuya función es trascendente el manejo de la creatividad y las funciones intelectuales implicadas en el proceso de la formación de símbolos.

El sueño utiliza el simbolismo para la representación disfrazada de sus contenidos latentes. Los símbolos, por su cotidianidad y trivialidad, se encuentran fuera del alcance de la censura. El material proveniente de los deseos reprimidos se sirve de ellos para salir a la consciencia y lograr su satisfacción.

Muchos símbolos tienen un significado similar, sin embargo, Freud (1900/1981b) señala que la interpretación del simbolismo es particular y exclusiva, además debe apoyarse en las asociaciones del paciente y en la comprensión simbólica del análisis. No obstante, aunque los sueños pueden evocar una gran cantidad de contenidos, el contexto en el que se expone el símbolo, posibilita su comprensión general.

Las imágenes oníricas deben ser consideradas como expresión de actitudes, en las que el símbolo toma el sentido de la actitud emocional interna del soñador (Gutheil, 1966). Además, es el conocimiento de su psicodinamia —es decir, la explicación de las motivaciones profundas del sujeto a partir de las diferentes hipótesis (topográfica, dinámica, económica, genética, estructural y adaptativa) que la explican. La psicodinamia es la forma de funcionar inconsciente de la mente, traducida en conducta, sentimiento y pensamiento— lo que constituye la salvaguarda de las interpretaciones erróneas.

Freud (1900/1981b) otorgaba mucha importancia a las asociaciones del paciente, por lo que la interpretación de los símbolos tiene una función auxiliar en la interpretación de los sueños. Consideraba que el material simbolizado en estos es de naturaleza sexual en la mayoría de los casos, debido a que las pulsiones sexuales son las impulsoras y eran los deseos eróticos los más castigados y reprimidos por su cultura, por lo que la realización de deseos se manifestaba más ampliamente a través de los sueños. Al respecto, Gutheil (1966) amplía esta concepción y explica que cualquier pulsión y su satisfacción tienen la misma jerarquía en el simbolismo de los sueños y no solo se expresan los motivos sexuales. En la concepción actual tiene prioridad la expresión de la pulsión agresiva.

A continuación, se presenta una lista de los símbolos y su significado mencionados por Freud (1900/1981b), en su obra *La interpretación de los sueños*. Con esta lista no se pretende hacer creer que los sueños pueden interpretarse al aislar el símbolo y luego buscar su significado en el listado. Es una lista que nos muestra el significado simbólico que Freud le dio en su tiempo, pero ya se dijo que el significado del simbolismo puede cambiar de acuerdo con los antepasados, la cultura, la familia, la pareja y la historia personal del sujeto que sueña.

La sexualidad

a) Genitales masculinos: Casi siempre están representados por objetos puntiagudos o alargados, como bastones, paraguas, cuchillo, navaja, martillo, fusil, revólver, daga, pluma, lápiz, cepillo, rifle, puñal, jeringa, pipa, cigarrillo, palo de golf, tronco, árbol, corbata, pie, nariz, etc. El número tres y los animales provistos de cola, las serpientes o las frutas alargadas como el plátano, la pera, etcétera.

b) Genitales femeninos: Se simbolizan por estuches, cajas, cajones, cuevas, armarios, hornos y toda clase de recipientes. También barcos, charcos de agua, bote, nido, anillo, boca, oreja, ojo, bosque espeso. Por otro lado, pueden simbolizarse por medio de denominaciones como "mi pequeña" o "mi amiguita"; por frutas como mamey, durazno o higo, o por animales como la almeja, la ostra, etc. Una capilla puede simbolizar la vagina, mientras que el útero se representa por imágenes de estanques. Las hermanas pueden simbolizar los pechos.

c) Genitales de ambos sexos: Se representan por animales como ratón, gato, caracol, por paisajes, montañas, bosques, puentes, planos o mapas, parientes, rostro, avión, maquinaria, aparatos eléctricos, niños pequeños, entre otros. El equipaje tiende, en general, a simbolizar los propios genitales.

d) Coito: El acto sexual puede representarse por el acto de subir o bajar escaleras, telefonear, bailar, escribir, comer con otra persona, viajar o caminar con un miembro del sexo opuesto. También por viajar en tren, automóvil o a caballo, así como por ser atropellado.

e) Orgasmos: Se expresan comúnmente por palabras como "morir", "llegar", "llegar a la terminal", entre otros.

f) Embarazo: Puede estar simbolizado por una infección, por invasión de insectos o parásitos, o "atacado por".

g) Castración: Suele representarse por imágenes de mutilación, calvicie, pérdidas, heridas o actividades como lastimar, soltarse el cabello, caída de dientes o decapitación.

h) Masturbación: Montar en bicicleta, cortar flores, andar en auto, volcar líquidos, exprimir frutas, dejar caer monedas, nadar, afeitarse, bombear agua, lavar con jabón, jugar con un niño, pegarle a un niño, entre otros.

i) Erección: Cualquier cosa del reino animal, mineral o vegetal que tenga alargamientos o achicamientos.

j) Menstruación: Se representa por flujo, congestión, visualización del color rojo, la visita de una persona o por caerse del techo.

k) Ano: Puede ser un anillo, ojo, puerta trasera, salida, entre otros. El dinero suele ser símbolo de las heces.

l) La orina: Puede simbolizarse por los ríos, fuentes, lluvia.

m) Secreciones y excreciones: Todos los líquidos y contenidos corporales suelen ser simbólicamente iguales, por lo que pueden remplazarse entre sí.

n) Victorias o conquistas de ciudades o pueblos: Pueden representar una conquista de índole erótica.

ñ) El término "derecho": Suele estar relacionado con el matrimonio, mientras que "izquierdo" simboliza delito, homosexualidad, incesto o perversión.

La familia

a) Padre: Con frecuencia se presenta como papa, rey, amo, presidente, emperador, conductor, maestro, escritor, sacerdote, el sol o cualquier representante de la autoridad. El padre temido puede representarse como un animal feroz.

b) Madre: Puede ser la imagen de una reina, maestra, emperatriz, niñera, madre de otra persona, la iglesia o la Virgen María.
c) Hermana: Se simboliza por una monja, una enfermera o la hermana de otra persona.
d) Hermano: Puede ser representado por un clérigo o un colega de la comunidad.

Ideas abstractas en el sueño

En los sueños disminuye considerablemente la capacidad de abstracción, por eso las ideas abstractas suelen representarse por objetos concretos. La inhibición suele representarse por una incapacidad para desplazarse o por medio de símbolos de figuras dotadas de autoridad. La falta de voluntad se simboliza por parálisis, querer correr o gritar y no poder hacerlo.

Formas de representar al sí mismo y a otras personas significativas

a) Destellos visuales y auditivos: El fragmento de una frase percibida en un sueño bajo la forma de un destello auditivo puede incluir un pensamiento completo del propio sujeto o una parte de dicho pensamiento.
b) Conversaciones en el sueño: Para Freud, las frases expresadas en el sueño son recuerdos de expresiones formuladas en la vida despierta por el sujeto o algún ser querido, pero aparecen enmascaradas por medio de la condensación y los neologismos.
c) Neologismos: Fusión de dos o más elementos de contenido sexual o agresivo que forman una palabra nueva que solo tiene sentido para el sujeto que sueña. Por ejemplo, un sujeto que tenía miedo a los caballos y decía que en sus sueños aparecía una *cavalleria rusticana* (caballería rural) que le servía como defensa. A este paciente le gustaba la música clásica y con eso hacía alusión a un *intermezzo,* que es un fragmento de la ópera de Pietro Mascagni (1863-1945). Con ello representaba un delirio que intentaba dar solución a su conflicto fóbico. Él suponía que mediante este neologismo quedaba protegido de sus propios miedos.
d) Consejos que el sujeto escucha durante el sueño: En general revelan al soñante una actitud importante que él mismo tiene y que quizá no la conoce por ser inconsciente. Como cuando un paciente sueña que

platicó con su mamá en el sueño y que el consejo que ella le dio lo llevó a cabo y se benefició, el paciente tiene 55 años y, mediante este sueño, reflejó que, ante situaciones de conflicto, desde la infancia, hacía caso a los consejos de su madre. Ahora esos consejos son opiniones que él mismo tiene acerca de la solución de sus conflictos.

e) Reproches que el soñante escucha: En la mayoría de los casos están dirigidos hacia el propio estilo del sujeto y denotan sentimientos de culpa. Los reproches que el sujeto escucha durante el sueño deben considerarse como autorreproches.

f) Discusión verbal durante el sueño: Refleja la presencia de un conflicto mental en el que el sujeto mismo tiene ambivalencia acerca de lo que siente, piensa o debe hacer.

g) Números: guardan relación con los datos y fechas importantes de la vida del paciente. Es el caso de un paciente varón de 43 años de edad que padecía de cáncer terminal en el hígado y soñó que llegaba al hospital y la enfermera le decía: "Uno, dos, tres, usted, para afuera". Este sueño mostró tener un carácter premonitorio, ya que implicó que el paciente iba a fallecer exactamente tres meses después de haberlo soñado.

h) Gastar dinero: Significa gastar el amor y todas aquellas cosas valiosas que el sujeto posee. Una persona soñó que gastaba mucha agua y este sueño representaba que gastaba mucha de la energía de su vida en cosas triviales.

i) Agua: El agua simboliza el nacimiento. También es un símbolo de anhelos pulsionales de la mente como un antiguo símbolo del inconsciente, que puede simbolizar a la madre.

j) Fuego: Significa pasión, amor e ira.

Esta guía, como se mencionó, es una referencia para la interpretación de los símbolos en los sueños. Un símbolo puede tener múltiples significados, dependiendo del contexto sociocultural, familiar, de la época y de la edad del sujeto en el que se presenta.

El tiempo y el espacio en el sueño

El tiempo y el espacio guardan relación estrecha y a menudo ocurre que uno se expresa a través del otro. Todos los valores temporales, velocidad, duración y secuencia de los hechos aparecen deformados en el sueño. El tono emocional del sueño también determina si la acción de este le parece lenta o rápida al propio soñante. Si está impaciente, todos los movimientos pueden parecerle lentos.

El problema temporal en el sueño es a veces la reproducción de un auténtico problema de prueba de realidad. Es decir, las personas que en la juventud no tuvieron satisfacciones se muestran a veces impacientes e inquietas, ansiosas de compensar el vacío emotivo de su vida con experiencias, emociones y situaciones excitantes.

El problema del tiempo se refleja también en los sueños como válvula reguladora, expresan el temor de llegar tarde y de perder el tren o de llegar con retraso a la escuela, por ejemplo. El soñador siente que en su modo de vida hay una íntima tendencia retardadora; la razón principal de esta retardación es el hondo anhelo de volver al pasado, que posiblemente ha aportado más gratas satisfacciones que el presente. Los trenes que el paciente teme perder a menudo se dirigen hacia el hogar, es decir, hacia el pasado y la niñez. El futuro también puede ser alterado en el sueño. Se sueña lo que se quiere que suceda.

La anulación del tiempo aparece en los sueños de las personas que no se sienten satisfechas con su situación actual; a veces, las personas casadas se ven solteras y jóvenes, dispuestas a elegir cónyuge. Correr tras un tren o el temor de perder el tren y otras imágenes por el estilo son a menudo reflejos del temor del paciente a que el tiempo siga transcurriendo sin que él elija un rumbo y que por lo tanto no logre alcanzar su meta de estar en pareja. Se le fue el tren se traduce como símbolo de que se le fue el tiempo de tener pareja.

Los números en el sueño

Con mucha frecuencia los números están estrechamente relacionados con ciertos datos importantes de la vida del paciente, por eso se sueñan como cifras enigmáticas que causan interés y extrañeza. La fecha de cumpleaños, la propia edad, la edad del padre, de la madre, de algún hermano, una fecha de fallecimiento o la fecha de nacimiento de personas importantes para el paciente, etc., pueden expresarse de este modo en el sueño. Una persona con cáncer soñó que se acercaba al escritorio de la enfermera y, de repente, ella se levantaba y, después de contar hasta siete, lo señalaba y le decía: "Usted se va a aliviar el séptimo día a partir de hoy". Y así fue: el séptimo día le dieron los resultados de su examen y, en efecto, sus resultados salieron bien. A partir de entonces, el soñante creyó que el siete tenía un significado religioso, pues creyó en la realidad de los números. A veces los números son símbolos de un calendario secreto en el cual están registradas experiencias de vida importantes.

Aquellos sueños en los que hay números que indican ciertas sumas de dinero se interpretan como la importancia del costo significativo para el paciente de algo que le causa conflicto y que puede atribuirse a cierta cantidad implicada. En general, el dinero, además de poseer un valor normal, puede simbolizar el amor. Puede tener también un significado de control, es decir, representa una forma de someter, comprar, chantajear, a otra persona a través de darle o no dinero. El manejo del dinero permite ver cómo el sujeto conduce y distribuye sus afectos en su relación emocional con los demás, por lo que los símbolos numéricos en el sueño permiten extraer conclusiones con respecto a la vida amorosa del paciente.

La acción de calcular carece a menudo de lógica en el sueño, pero es posible que también en nuestra interpretación signifique anticipar o planear. Por ejemplo, el cálculo anticipado de una suma que se espera heredar, el recuento de los miembros de la familia antes de que fallezcan, o momentos que da miedo perder o el monto de dinero que se desea ganar. Por ejemplo, el sueño bíblico del faraón que soñó que llegaban siete vacas gordas y luego siete vacas flacas y las devoraban, ese sueño que José interpretó como que tendrían siete años de abundancia y que durante estos habría que ahorrar porque luego vendrían siete años de carencias.

Capítulo 5. Los sueños y el deseo

La interpretación de los sueños

Interpretar un sueño significa traducirlo o retraducirlo, porque el sueño posee un significado psíquico inconsciente y, para su interpretación, existe un procedimiento científico desarrollado por Freud en 1900. Dicho procedimiento surge como consecuencia del tratamiento a sus pacientes, los cuales comenzaron a relatar sus sueños bajo la premisa analítica de comunicar sus asociaciones y ocurrencias espontáneas alrededor de los mismos. Freud concluye que un sueño puede insertarse en el encadenamiento psíquico y que ha de perseguirse retrocediendo en el recuerdo, a partir de una situación traumática. Decide así tratar el sueño como un síntoma y aplicar el método de interpretación elaborado para los síntomas. Para lo anterior, es necesario que se prepare al paciente, pidiéndole que intensifique la atención hacia sus percepciones psíquicas, lo cual se facilita al adoptar una posición de reposo y cerrando los ojos. Se le pide que evite la crítica de los pensamientos que le afloren, de tal manera que fomente la introspección. El resultado es que, al eliminar la crítica, salen a la luz una multitud de ocurrencias que de otro modo habrían permanecido inaprehensibles. El objetivo de este proceso es que las representaciones involuntarias se conviertan en voluntarias. La observación que realiza el paciente de sí mismo debe enfocarse en fragmentos concretos del contenido del sueño, al realizar esto el paciente ofrecerá para cada parte una serie de ocurrencias.

La interpretación es una deducción, por medio de la investigación analítica, del sentido latente que existe en las manifestaciones verbales y en el comportamiento de un sujeto. Saca a la luz las modalidades del conflicto defensivo y apunta, en último término, al deseo o a la resolución del trauma que se formula en toda producción del inconsciente y también alude, en su parte creativa, a soluciones de problemas que se realizan en forma simbólica en el propio sueño. En la cura se comunica la interpretación al sujeto que soñó, con miras a hacerlo consciente de aquello que le perturba y que es inconsciente. Es traducir el contenido latente incomprensible para el sujeto a un contenido manifiesto comprensible.

El método de la interpretación de los sueños de Freud (1900/1981b) implica que el paciente divida en fragmentos el relato del sueño y luego añada asociaciones a cada fragmento hasta que las motivaciones inconscientes de la conducta afloren y se les pueda dar una síntesis adecuada, de acuerdo con los contenidos inconscientes que cumple la satisfacción del deseo o el esclarecimiento del conflicto que, de acuerdo con la historia del paciente, se plantea. Este método fue empleado en uno de los sueños más estudiados por Freud y otros autores: "El sueño de la inyección de Irma", ver capítulo 3: *Los sueños y las bases del psicoanálisis*.

De esta manera, el método clásico sigue siendo básico en la interpretación de un sueño en la sesión psicoanalítica para que se cumpla la función psicoterapéutica de profundizar en el entendimiento del conflicto y los motivos de angustia del paciente. Para que esto se logre, todavía es útil el método de fragmentar el sueño en sus elementos y pedirle al soñante asociaciones con cada uno de ellos.

Garma (1977) apoya la técnica de Freud, la cual dice que el sueño debe dividirse en sus diferentes componentes, de esta manera se dispone, en forma gradual, de una serie de asociaciones que se relacionan entre sí hasta dejar entrever los deseos que originaron el sueño. En este sentido, los sueños poseen la capacidad de evocar asociaciones que traen a la consciencia una experiencia olvidada y la emoción correspondiente, lo que constituye un medio útil en el tratamiento analítico para revelar la etapa de desarrollo y el tipo de fijación a los que está ligada la psique (Freeman, 1976), manifestándose así la intemporalidad del inconsciente.

En el transcurrir del tratamiento psicoanalítico, cuando el analizado relata un sueño, lo habitual es relacionarlo con lo que expone antes y después, para buscar las conexiones latentes en todo el material psíquico de la sesión. Esta situación revela el aspecto individual de los sueños, por lo que, para interpretar de forma correcta un sueño, es indispensable alcanzar un conocimiento específico del paciente, ya que, por típicos que sean los mecanismos oníricos, el simbolismo inconsciente y los deseos primitivos son la clave en el sueño para una orientación psíquica individual. La vida onírica encierra en sí misma la evidencia no solo de las pulsiones y de los mecanismos mediante los cuales es posible controlar o neutralizar tales pulsiones, sino también de experiencias reales y vivencias del ser humano.

Al profundizar en la técnica de interpretación, se observa que la repetición de frases es un recurso con el que se pone énfasis y, en el sueño, este método consiste en repetir algún elemento onírico, por lo que es importante tomar en cuenta dicha repetición. También se ha encontrado que las palabras tienen tanto una historia individual como colectiva-cultural y que en el sueño adquieren un segundo significado y expresan ideas abstractas; sin embargo, en el inconsciente no pierden el significado emocional concreto de cuando fueron escuchadas en el pasado y utilizadas por primera vez. Gutheil (1966) propone un método denominado "interpretación analítica activa" como alternativa al procedimiento de Freud para la interpretación de los sueños. Señala que Freud aplicaba respecto a las asociaciones del paciente: *a*) el abordaje cronológico, induciendo al paciente a asociar libremente con los elementos consecutivos individuales de sus sueños; *b*) la interpretación del sueño con base en un elemento en particular; *c*) renunciar inicialmente al análisis del contenido onírico manifiesto, preguntando al sujeto sobre los recuerdos del día anterior que se pudieran relacionar con el sueño relatado; *d*) una vez que el paciente se ha familiarizado con la técnica de la interpretación, se le permite el tipo de asociación que elija.

Al respecto, Gutheil (1966) plantea una serie de normas para la interpretación de los sueños:

a) La primera es la interpretación de los contenidos oníricos manifiestos, que significa reducir su contenido a pocas palabras, lo cual permite interpretar prescindiendo de las asociaciones del paciente y orientarse a una serie de preguntas que deben formularse con el fin de definir el trasfondo del sueño.

b) La segunda norma es la sucesión o coexistencia de elementos de "cerca" y "lejos", "hoy" y "mañana". La deformación de la lógica de la construcción onírica provoca que dos pensamientos que inicialmente tenían una conexión causal aparezcan en el sueño de manera que uno siga al otro de manera independiente (sucesión), esto representa una coincidencia con el tiempo y posee una conexión causal interna.

c) La tercera norma es la reducción de afectos a una sola emoción básica.

d) La cuarta regla se refiere a las tendencias analógicas y catagógicas. De acuerdo con Jung (como se cita en Gutheil, 1966), las tendencias analógicas o constructivas representan el deseo de lo ideal, incluyendo la religión y la moral del paciente. Además, considera que el conocimiento de los componentes analógicos de la vida interior es necesario para realizar un análisis adecuado; sin embargo, plantea que este conocimiento representa solo una fase. Para conocer el grado de tensión mental de un individuo es necesario conocer las ideas catagógicas o destructivas; estas se refieren a la tendencia individual a expresar contenidos agresivos y de desorganización del sujeto en sus variadas manifestaciones.

Otro aspecto importante a considerar durante la interpretación de un sueño, según este autor, corresponde a los motivos oníricos repetidos. Los sueños estereotipados representan importantes problemas, ya que la repetición es la manifestación del deseo inconsciente del paciente por resolver el problema y refleja la carencia de medios para alcanzar el objetivo. Se plantea que es necesario analizar las series oníricas y distinguir las ideas centrales, ya que muchas veces los sueños anteriores suministran datos que permiten la interpretación de los sueños posteriores, lo que posibilita el abordaje del problema central de las neurosis.

A partir de entonces, sin embargo, se han planteado otros métodos, González-Núñez (2013) hace hincapié en los siguientes aspectos:

a) Las asociaciones del paciente parten del elemento emocional más relevante. Se refiere a que el afecto que sobresale del contenido manifiesto es el que cobra prioridad para el analizado.

b) También se puede interpretar un sueño si se toma como punto de partida el elemento simbólico más destacado.

c) Si la memoria y la percepción poseen leyes y si los sueños son percepciones deformadas, desplazadas, condensadas y simbolizadas, la percepción es a la vida despierta lo que la alucinación es al sueño. No obstante, como la alucinación onírica no sigue las leyes de la lógica, puede transformarse para realizar una interpretación adecuada, además de tomar en cuenta lo ya mencionado.

d) Se deben aplicar todas las leyes y conocimientos de la psicología general, en especial de la memoria, la percepción, el aprendizaje y sobre todo las nuevas aportaciones y significados del lenguaje.

Ramírez, Guarner y Díaz Portillo (1985) consideran que los siguientes puntos de vista pueden resultar útiles en la interpretación de los sueños:

a) En el caso en que el paciente lleve varios sueños para su análisis, resulta útil empezar por el más claro, sin perder de vista que la meta final será entender el más reciente que, en general, podría ser el más complicado de interpretar y en el cual se encuentra la mayor cantidad de represión y de resistencias para su interpretación.
b) También son preferibles los sueños que aparecen durante el sueño profundo. Los sueños hipnagógicos poseen mayor elaboración secundaria.
c) Cuando el sueño es claro en lo manifiesto en cuanto a su significado, simplemente se preguntará por los elementos oscuros, ocultos e inconscientes del sueño.

También agregan que resulta interesante analizar los sueños dividiendo la narración de la siguiente forma:

a) El lugar donde sucede, por ejemplo: "estaba en la calle".
b) Los protagonistas, por ejemplo: "estaba en la calle caminando con mi madre y un amigo".
c) Desarrollo del trauma, por ejemplo: "estaba en la calle caminando con mi madre y un amigo, súbitamente se presentó un individuo con un cuchillo y entabló una lucha".
d) Culminación, por ejemplo: "fui herido en el pecho y desperté, aun estando casi paralizado".
e) Solución, por ejemplo: "mi amigo hizo huir al individuo".

El cumplimiento del deseo

Freud parte de la idea de que los sueños pueden considerarse susceptibles de ser interpretados en todas las personas, tanto enfermas como con salud mental. Los sueños aparecen de manera predominante bajo la forma de imágenes visuales, acompañados a veces de sentimientos, ideas, impresiones y en raras

ocasiones con contenidos verbales tales como frases, consejos, conversaciones, neologismos, etc. (Ramírez, Guarner y Díaz Portillo, 1985). Según esto,
los sueños son una satisfacción de deseos inconscientes. Ni los sueños de
angustia ni los masoquistas, que significan un castigo del Superyó, se oponen
teóricamente a esta concepción psicoanalítica de Freud. Sin embargo, cuando
una persona sufre una desorganización intensa en su Yo, sus sueños son una
representación repetitiva y monótona de las sensaciones desagradables expe-
rimentadas en el momento de trauma.

Freud (1900/1981b) divide la realización de deseos en dos grupos: el de los
niños y el de los adultos. Los sueños que muestran una franca realización de
deseos corresponden a los sueños de los niños. En los sueños de los adultos,
solo puede reconocerse tal realización a través de un análisis.

Respecto a la procedencia del deseo, en el sueño se hallan cuatro posibilidades:

1. Puede haber sido provocado durante el día y no encontrar satisfacción
   a causa de circunstancias exteriores, por lo que perdura por la noche un
   deseo reconocido e insatisfecho localizado en el preconsciente.
2. Puede haber surgido durante el día, pero haber sido rechazado, por lo que
   perdura un deseo insatisfecho, pero reprimido; este deseo ha retrocedido
   al inconsciente.
3. Puede hallarse exento de cualquier relación con la vida diurna y pertenecer
   a la categoría de deseos que solo surgen durante la noche, que emergen de
   lo reprimido. Los deseos de esta clase son incapaces de salir del sistema
   inconsciente.
4. Una cuarta fuente de deseos está provocada por las pulsiones que surgen
   durante la noche, como respirar, la sed, el hambre, excretar y necesidades
   sexuales.

Así es que la procedencia del deseo no influye en su capacidad para provocar
el sueño; es decir, el deseo insatisfecho durante el día no basta para crear un
sueño en los adultos. El sentimiento optativo proveniente de la consciencia
puede contribuir a provocarlo, pero el sueño no nacería si no estuviese robus-
tecido por factores provenientes del inconsciente. Tales deseos inconscientes
siempre están en actividad y dispuestos a conseguir su expresión y tienen su
procedencia en la infancia del sujeto. En los niños, en quienes no existe tal

separación en los deseos, ni censura entre preconsciente y consciente, se trata de un deseo insatisfecho de la vida despierta.

Las preocupaciones que el individuo tiene durante la vida de vigilia continúan durante el reposo, manteniendo el desarrollo de procesos anímicos en el preconsciente. Estos estímulos mentales se dividen en: *a*) los procesos que durante el día quedan interrumpidos por una causa cualquiera, *b*) los sucesos que han permanecido sin terminación o sin solución debido a la paralización de la energía mental, *c*) lo que ha sido rechazado o reprimido durante el día, *d*) aquello que la labor diurna de los procesos preconscientes ha estimulado al inconsciente y *e*) las impresiones diurnas indiferentes no desplazadas.

Asimismo, los restos diurnos pueden tener el carácter de deseos. Cuando el sueño encuentra en las ideas un material opuesto a la realización de los deseos, que incluye una preocupación, reflexión dolorosa o conocimiento penoso, pueden darse dos alternativas: *a*) la elaboración sustituye todas las representaciones displacenteras por representaciones contrarias y reprime los afectos displacenteros, resultando un sueño de satisfacción, o *b*) las representaciones penosas son transformadas pero reconocibles y pueden desarrollarse con indiferencia del sujeto y mostrar afectos displacenteros que parecen estar justificados por su contenido de representaciones o interrumpir el reposo por el desarrollo de la angustia.

Los sueños displacenteros pueden ser también sueños primitivos en los que de igual manera se encuentra un deseo inconsciente, pero no reprimido, sino perteneciente al Yo. En general surgen cuando los restos diurnos son de naturaleza satisfactoria, pero expresan satisfacciones ilícitas para el Superyó. No llegan al sueño manifiesto elementos que representen una contradicción directa, pues su característica esencial es que el deseo inconsciente no procede de lo reprimido, sino que reacciona a este, reacción procedente del Yo.

Todo sueño es la realización de deseos, pero existen formas anormales de realización de deseos, como los síntomas psiconeuróticos, que se consideran como realizaciones de deseos inconscientes y su reacción contra estas se queda en los síntomas. El sueño puede ser la expresión de un deseo del inconsciente después de haberle impuesto toda clase de deformaciones, mientras el sistema dominante se ha entregado al deseo de reposar a lo largo del sueño. El deseo de dormir ejerce un efecto favorable en la formación del sueño. Cuando el sueño resulta muy perturbador, el preconsciente comunica a la consciencia que es solo un sueño, con el fin de que el individuo continúe durmiendo.

Los deseos irrealizables en la vida despierta se presentan de forma alucinatoria como cumplidos en el sueño. Otras producciones del inconsciente, como los síntomas, los actos fallidos, el *acting out* y la fantasía, también constituyen cumplimientos de deseos en forma parcial. En estos, el deseo se expresa parcialmente de una forma disfrazada.

Capítulo 6. ¿Qué pasa mientras soñamos?

Situaciones traumáticas como origen del sueño

Las situaciones traumáticas, desagradables, angustiosas para el sujeto son en muchas ocasiones el punto de partida del sueño. El origen de muchos sueños es una situación desagradable para el sujeto y, mediante el sueño, el sujeto intenta corregirla. A esta situación la podemos llamar situación de conflicto psíquico o situación traumática. Freud llama vivencia traumática a aquella que ocasiona en poco tiempo una intensidad tan grande de excitaciones psíquicas que la persona no puede librarse de ellas o elaborarlas de un modo normal (Garma, 1970).

El sueño parte de una o varias situaciones desagradables que el sujeto es incapaz de dominar o elaborar de un modo normal. El trauma puede estar provocado por un estímulo interno o externo incapaz de ser controlado, tramitado y resuelto adecuadamente por el Yo. Y es porque el trauma revive momentos pertenecientes a la infancia, a la adolescencia o a cualquier otra edad que fueron desdichados. Son situaciones tan repetitivas que poco a poco van minando al Yo hasta que lo traumatizan; comúnmente las llamamos "cuchillito de palo", por su insistencia pertinaz.

Los traumas son capaces de producir tanto fijaciones como regresiones. Las fijaciones a las tareas no resueltas de una etapa del desarrollo, ya sea de dependencia, control o rivalidad, son productoras de sueños. El sueño es una tentativa inconsciente, hasta cierto punto eficaz para resolver, tramitar, superar y estabilizarse después del desagrado psíquico, originado por las situaciones traumáticas. Hay autores que consideran que la alucinación del sueño se debe al influjo de las situaciones traumáticas y no al deseo que se satisface (Garma, 1970; Ramírez, Guarner y Díaz Portillo, 1985).

La regresión

El sueño es un producto psíquico del inconsciente, cuya motivación es siempre un deseo por cumplir o un trauma que resolver. Su peculiaridad se debe a la influencia de la censura y a una necesidad de condensación del material psíquico, además del interés por presentar un producto onírico racional.

La actividad en el aparato psíquico parte de los estímulos internos y externos, posee un extremo sensorial y un extremo motor, responsable de la motilidad. El procedimiento psíquico transcurre del extremo sensorial al motor. Las percepciones llegan al individuo y dejan una huella mnémica en el aparato psíquico, cuya función es la memoria, y así quedan fijadas alteraciones permanentes de los elementos de los sistemas psíquicos que intervienen.

Durante la vigilia, los procesos de excitación pueden alcanzar la consciencia por vía del preconsciente, que posee el acceso a la motilidad voluntaria. En el sueño, la excitación onírica tratará de seguir desde el inconsciente al preconsciente y así poder alcanzar el acceso a la consciencia. Durante el día, la censura no les permite a los pensamientos oníricos una vía de acceso, pero en el sueño se abren paso a la consciencia debido a la disminución de la censura. En los sueños alucinatorios, la excitación toma un camino regresivo, se propaga hacia el extremo sensorial del aparato psíquico y alcanza el sistema de las percepciones. En la vigilia se sigue una dirección progresiva, mientras que en el sueño se sigue un sentido regresivo. Esta regresión es una de las peculiaridades del proceso onírico, pero no es privativa de los sueños.

La regresión es el mecanismo por el cual una parte de la personalidad del individuo pierde el grado de maduración que había obtenido y regresa a un modo de funcionamiento de una etapa anterior del desarrollo. O se regresa a épocas anteriores de la vida en la que fue desdichado. O también aquel material que estaba a punto de llegar a la consciencia regresa a la instancia preconsciente o inconsciente. Sin dejar de tomar en cuenta que también existe una regresión que alcanza al sueño, al servicio del Yo (Hartmann, 1978). Este tipo de regresión permite al Yo ensayar conductas menos organizadas para dar el salto a una conducta de más progreso.

Si se considera el proceso del sueño como una regresión de cualquier tipo, se explica por qué las relaciones intelectuales entre las ideas y las relaciones lógicas en los pensamientos no se encuentran contenidas en los primeros sistemas y, por tal motivo, pierden su expresión en el proceso regresivo, hasta llegar a las imágenes perceptuales.

Se distinguen tres tipos de regresión: *a*) regresión tópica, en el sentido del esquema de los sistemas psíquicos, lo que era inconsciente y estaba cercano a la preconsciencia o a la consciencia y que se regresa al inconsciente; *b*) regresión temporal, que es el retorno a formaciones psíquicas anteriores, formas de comportamiento tenidas en años anteriores y que en el aquí y el ahora se presentan de nuevo, y *c*) regresión formal, en la que las formas convencionales de expresión se sustituyen por formas primitivas, es decir, se utilizan palabras mal conjugadas o que eran propias de la niñez temprana, por ejemplo. Estas formas de regresión, en la mayoría de los casos coinciden, es decir, ocurren de forma simultánea.

Soñar es un proceso regresivo a las más tempranas etapas del soñador, con todas las transmisiones pulsionales y formas expresivas de la infancia; detrás de esta infancia individual, prevalece la infancia filogenética y del desarrollo de la humanidad. Y es también regresar a aquellos traumas tenidos en la infancia temprana y subsiguientes edades.

El olvido en el sueño

Un obstáculo que se presenta para interpretar un sueño es que no se posee la certidumbre de conocerlo con exactitud. Aparece casi siempre fragmentado por la memoria, incapaz de conservarlo, por lo que se pierde probablemente la parte más significativa de su contenido. Además, todo demuestra que el recuerdo es infiel y falseado.

También puede dudarse de que sea coherente y que en el intento de reproducirlo se agregue material nuevo, lagunas producidas por el olvido, hasta hacer imposible determinar un contenido verdadero.

Al intentar recordar, el sueño se deforma como una elaboración secundaria por la instancia del pensamiento normal, pero esta deformación es parte de la elaboración, por lo que se dejan pasar las ideas latentes a consecuencia de la censura.

El olvido del sueño se produce no solo debido a la censura o a una falla en la memoria del sujeto, sino también porque la represión retorna al inconsciente el material doloroso, culposo o vergonzoso, para lograr que no se recuerde y permanezca reprimido.

La duda de la exacta reproducción del sueño es una derivación de la censura psíquica existente, que se opone al acceso de las ideas latentes a la consciencia.

La represión

La realización de algunas pulsiones optativas inconscientes —como los reto-
ños que la agresión conlleva: odio, resentimiento, venganza, envidia, etc., y
que provienen del proceso primitivo, es decir, de la mente inmadura—, provocan un afecto no placentero en el individuo, por lo que la transformación de
afectos es la esencia de la represión. Así, la represión tiene por objeto suprimir
el desarrollo del displacer y recae sobre el contenido de las representaciones
del inconsciente; el Yo hace que se mantenga reprimido el material doloroso,
vergonzoso o culposo. Se mantiene reprimido, aunque se haya soñado, porque el Yo no tiene la suficiente fuerza para tolerar y asimilar el significado del
contenido latente de lo soñado.

En el curso del desarrollo se efectúa una transformación de afectos ligada
a la actividad del sistema secundario. El sistema secundario está constituido por las pulsiones que derivan en productos positivos para el sujeto; es
decir, implica la posibilidad de transformar afectos agresivos en trabajo o
creatividad. Los recuerdos que utiliza el deseo inconsciente para provocar la
asociación de afectos no fueron accesibles para el preconsciente, por lo que
su desarrollo del afecto no se puede coartar, lo cual provoca que tampoco se
pueda llegar a las representaciones desde las ideas preconscientes, a las que
ha desplazado la fuerza de sus deseos. Esto es, un afecto o una pulsión sen-
tida se expresa tal cual, sin pasar por el filtro del preconsciente —que puede
censurar o deformar la expresión de dicho afecto para hacerlo aceptable a la
consciencia—. El principio del displacer se impone y separa el preconsciente
de las ideas desplazadas, que quedan abandonadas y reprimidas. Lo reprimido es todo aquello que no es tolerado por el consciente y el preconsciente
y es enviado por el Yo al inconsciente, quedando así activo y reprimido, y
puede expresarse a través del sueño o de cualquier otra de las manifestaciones
del Yo.

La represión es la operación por medio de la cual el sujeto rechaza y mantiene en el inconsciente las representaciones (pensamientos, imágenes, recuerdos) ligadas a una pulsión. La represión se produce en aquellos casos en que
la satisfacción de una pulsión —susceptible de procurar por sí misma placer
al lograr su meta o su descarga— implicaría el peligro de provocar displacer o
angustia si esto no sucediera a causa de otras exigencias intrapsíquicas.

La angustia en el sueño

El proceso del sueño se acepta en principio como la realización de los deseos del inconsciente. Cuando esta realización conmueve al preconsciente, amenazando con interrumpir el reposo, no se ha cumplido con la transacción entre la pulsión y su defensa, es decir, entre lo vergonzoso, doloroso o culposo y lo placentero, lo que provoca como consecuencia el despertar. Así, el sueño es una transacción entre los deseos inconscientes que pugnan por expresarse, y que son censurados, y la defensa contra ellos. Desde el punto de vista de la hipótesis económica es un interjuego de la catexis (energía con contenidos ya sea agresivos o libidinales puros que busca su descarga) versus la contracatexis (la contrafuerza o defensa del Yo para que esta descarga no se lleve a cabo).

El proceso psíquico que desarrolla la angustia en el sueño puede ser una realización de deseos, ya que el deseo pertenece al sistema inconsciente y el preconsciente lo ha rechazado o reprimido. La realización de ciertos deseos es motivo de rechazo y censura para el individuo, generando afectos contrarios al placer, por eso este afecto inexplicado se manifiesta en forma de angustia.

La represión se considera como una función cuya intervención depende de las representaciones del inconsciente. El dominio del preconsciente coarta el desarrollo del afecto de dichas representaciones; sin embargo, cuando el preconsciente queda sin carga psíquica, las excitaciones inconscientes desarrollan un afecto que, debido a una represión anterior, es expresado como angustia o displacer. Las condiciones previas de este suceso son que haya tenido efecto una represión y que las pulsiones optativas reprimidas sean de suficiente intensidad. Tales factores se encuentran fuera de los límites psicológicos de la formación de los sueños, por lo tanto, se considera que el problema de los sueños de angustia pertenece a la psicología de las neurosis.

Otros casos en los que se denota la presencia de angustia son los sueños de los niños, en los cuales el contenido libidinal prohibido en cuestión suscita angustia; sin embargo, se trata de un deseo que no ha sido dominada por su comprensión y es rechazada, motivo por el cual se transforma en angustia.

Estos contenidos libidinales que causan angustia son similares a los ataques o terrores nocturnos de los niños (miedos irracionales súbitos no siempre acompañados de sueños que ocurren mientras el niño duerme y que implican una amenaza para su integridad), que con frecuencia se acompañan de alucinaciones al despertar y en los que se encuentran pulsiones rechazadas e incomprendidas, probablemente de periodicidad temporal, ya que la libido se puede incrementar por las impresiones casuales, los estímulos sexuales a los que el niño está expuesto y los progresos en su desarrollo.

La angustia como señal de alarma

La angustia como señal de alarma tiene la función de movilizar la energía a disposición del Yo para enfrentar las situaciones traumáticas. En el transcurso del desarrollo psicosexual del individuo, el Yo va siendo capaz de producir angustia cuando surge la amenaza de una situación traumática (situación de peligro) y después de anticipar dicho peligro. Primero, siendo niño, se aprende a reaccionar ante las situaciones de riesgo con angustia antes de que se conviertan en traumáticas. La intensidad de esta angustia estará en función de cómo valore el Yo la gravedad o proximidad del peligro.

La sensación de angustia —que genera displacer— es la que activa el principio del placer, el que le da la fuerza necesaria al Yo para dominar a las pulsiones del Ello que pueden ser el origen de la situación de peligro.

A lo largo de la vida, existen situaciones de peligro reales y subjetivas que es posible esperar que sucedan en una secuencia. Cronológicamente son las siguientes:

a) Pérdida del objeto —angustia de desintegración—: Es la pérdida o separación de una persona que es importante para el niño como fuente de gratificación.

b) Pérdida del amor del objeto: Aun cuando esa persona esté presente, el niño puede temer la pérdida de su amor.

c) Pérdida del pene —angustia de castración—: Esta situación difiere según el sexo. En el caso del varón el peligro reside en la pérdida del pene. En el caso de la niña el peligro reside en alguna lesión genital análoga como angustia de violación (Dolto, 1997).

d) Culpa o desaprobación —angustia moral—: Es la última situación de peligro e implica castigo por parte del Superyó.

El concepto de angustia es muy importante en la práctica clínica, ya que es primordial conocer cuál es el principal temor inconsciente del paciente. La función de la angustia no es patológica en sí misma, es necesaria para la vida y para el desarrollo mental. Tallaferro (1990) menciona que la función que desempeña la angustia es primero de descarga y después de alarma: descarga por el proceso derivativo al aumentar el tono del sistema vegetativo y luego como señal de alarma, para evitar un peligro o una situación displacentera.

La angustia difiere de otros estados mentales desagradables, como la tensión, el dolor y la melancolía, por el hecho de que es un estado consciente. El individuo no puede determinar cuál es la razón de su angustia, pero no puede dejar de sentirla, a diferencia del miedo que siempre reclama la presencia real de algo que lo desencadene. En el susto existe una situación emocional determinada que está provocada por la acción de un estímulo que no se esperaba y cuya súbita aparición causa sorpresa.

Aunque la angustia es una sensación desagradable, su función es alertar al Yo de la presencia de peligros, tanto internos como externos, de forma tal que este pueda tomar medidas para evitarlo. En el caso de que una persona no pueda hacerles frente o evitarlos, la angustia se acumulará y terminará por abrumar al individuo. Se distinguen tres tipos de angustia, cuya diferencia radica en sus fuentes: *a*) real, la fuente de peligro es externa y hay quien la distingue y la denomina miedo; *b*) neurótica, que tiene su origen en la soledad, la vergüenza y la culpa sentidas en forma imaginaria y subjetiva, y *c*) moral, que es aquella que se traduce en remordimientos de conciencia, autorreproches y en exigencias que el propio sujeto tiene ante sí mismo por la fantasía o la realización de un acto sentido como indebido.

La soledad, como otra fuente de angustia, es el afecto que resulta de la insatisfacción de la necesidad básica del ser humano de experimentar un vínculo con otras personas. Antes que ninguna otra situación, el niño teme estar entre gente extraña, en la oscuridad o quedarse solo. El elemento común de estas experiencias es separarse de su madre, lo cual constituye una amenaza mortal para él.

Cuando el miedo a la soledad es reprimido se convierte en angustia. La persona dominada por angustia-soledad hace lo indecible para evitar el estar sola, con tal de ser aceptada está dispuesta a sacrificar su propio criterio y hasta su libertad. Estas defensas neuróticas son solo parcialmente eficaces y, en el fondo, el individuo permanece siempre temeroso de la soledad.

Por su parte, la vergüenza posee una pauta fisiológica propia: el sonrojo. Desde el punto de vista ontológico, la vergüenza es una emoción más primaria que la culpa. Se experimenta vergüenza cuando el sujeto advierte que ha sido descubierto por otro en su incapacidad para el logro de una meta muy deseada, por ejemplo, el control de esfínteres. Así pues, se experimenta vergüenza cuando nos ponemos en evidencia ante alguien capaz de juzgarnos.

Podemos sentirnos avergonzados ante nosotros mismos cuando no satisfacemos los requisitos que nos hemos fijado o cuando descubrimos nuestra falta de propiedad y eficacia. La angustia subyacente al sentimiento de inferioridad tiene su origen en la experiencia de sentirse avergonzado: es la angustia-vergüenza. Se considera a la vergüenza como la representante principal de las sanciones externas, es decir, de las fuerzas restrictivas que otros deben operar.

Por otro lado, la culpa es un afecto que se experimenta cuando se violan normas o preceptos morales que han sido aceptados como válidos. Es una función de la conciencia moral. Cuando el niño viola una norma, experimenta culpa. La culpa es, como los sentimientos de soledad y vergüenza, un afecto doloroso que puede ser eliminado o reprimido del campo de consciencia del sujeto y entonces actúa desde el inconsciente reprimido, como una fuente específica de angustia.

La angustia-culpa, cuyo origen permanece inconsciente para el individuo debido a la represión, puede ser el resultado de pulsiones y tendencias no realizadas o no satisfechas tan solo en la fantasía.

La culpabilidad inconsciente tiene su pauta en el remordimiento: si el individuo no advierte su falta, no puede actuar o tener el propósito de actuar en forma de restitución y, por lo tanto, la tensión no se puede aliviar por medios racionales. La restitución se hace en este caso a través de tendencias autopunitivas y tensiones frustrativas, cuyo origen es ignorado por el individuo y ante las cuales se siente impotente. Sentirse culpable y rectificar son requisitos indispensables para el mejoramiento del individuo.

Distinguir entre los sentimientos de culpa racionales y la culpa morbosa es una tarea importante en la terapéutica psicológica.

En suma, para entender el tema de la angustia en el sueño, es importante seguir considerando estos preceptos acerca de la misma:

1. La angustia se genera en forma automática siempre que la psique resulta abrumada por una afluencia de estímulos demasiado grandes para ser dominados o liberados.
2. Estos estímulos pueden ser de origen externo o interno, pero con mayor frecuencia surgen del Ello, es decir, de las pulsiones.
3. Cuando se genera en forma automática una angustia, se dice que la situación es traumática.
4. El prototipo de las situaciones traumáticas es, desde el punto de vista

de lo interno, la irrupción súbita de un delirio paranoide y, desde el punto de vista del mundo externo, un asalto, un choque o una pérdida inesperada de un ser querido.

5. La angustia automática es característica de la infancia a causa de la debilidad; la falta de madurez del Yo en esta época de la vida; también se halla en la vida adulta en los casos de la llamada "neurosis de angustia".

Posteriormente se consideró que:

1. En el transcurso del desarrollo, el Yo adquiere la capacidad de producir angustia cuando surge una situación de peligro (amenaza de una situación traumática) y luego como anticipación al peligro.
2. A través de la acción del principio del placer, esta angustia de alarma le permite al Yo dominar o inhibir las pulsiones del Ello en una situación de peligro.
3. Existe una serie o secuencia característica de situaciones de peligros reales o imaginarios durante la infancia, las cuales persisten como tales en mayor o menor grado, de forma inconsciente, durante toda la vida.
4. La angustia como señal de alarma es una forma atenuada de angustia, desempeña un gran papel en la evolución normal y es la forma característica de las psiconeurosis.

Anna Freud (1974) describe tres tipos de angustia:

1. La angustia del Yo frente al Superyó: Ocurre cuando el deseo pulsional, prohibido por un Superyó severo, lucha por introducirse en la consciencia y conseguir su gratificación con la ayuda del Yo. En este caso, el Yo teme a la pulsión porque teme al Superyó, el cual puede castigar, causar culpa o remordimiento y bajar la autoestima del sujeto.
2. La angustia objetiva o real del Yo: En este caso, el Yo teme la presión de los estímulos del mundo exterior, su defensa se debe a la presión ejercida por la angustia ante el mundo externo. Es una angustia real u objetiva.
3. La angustia del Yo frente a la fuerza de la pulsión: En este caso, el Yo teme ser dominado y destruido por la pulsión. Esta angustia del Yo ante la fuerza pulsional opera como angustia ante el castigo del Superyó por la emergencia de un deseo o pulsión prohibida.

Capítulo 7. Tipos de sueños

Sueños típicos

Existen sueños cuyo contenido aparece en los de un gran número de personas; los individuos sueñan el mismo contenido, pero no de manera idéntica. A la hora de interpretarlos encontramos que estos contenidos poseen un significado muy parecido.

Ciertos símbolos poseen siempre una significación fija y, como realización simbólica, parecen ser un resto de antigua identidad. El sueño utiliza este simbolismo para la representación disfrazada de sus ideas latentes. Sin embargo, un símbolo incluido en el contenido manifiesto debe ser interpretado con frecuencia en su sentido propio, ya que, además de la motivación típica, se encuentra presente una motivación individual; asimismo posee un significado distinto según su cultura, su familia y su historia personal. Los sueños típicos se clasifican en dos grupos:

El primero corresponde a los sueños que siempre tienen el mismo sentido: tienden a disminuir el sentido de angustia experimentado durante el reposo. En el sueño de angustia, el contenido manifiesto penoso parece no cumplir un deseo ni lograr la traslaboración de un trauma, es decir, la resolución a lo largo del tiempo de dicho trauma; sin embargo, el contenido latente cumple con un deseo de manera disfrazada. Esta angustia puede provenir de una situación psiconeurótica y de excitaciones psicosexuales. En otros sueños de angustia, la fuente se encuentra en lo somático y utiliza dicha sensación para proporcionar una realidad onírica a los deseos reprimidos. Entre los sueños que producen angustia se encuentran:

a) El sueño típico de la muerte de un familiar querido. Debe ser interpretado como una realización de deseos, sin embargo, puede tener origen en la infancia del sujeto o en el deseo de ocultar una situación penosa del pasado. Cuando la muerte del padre, la madre o los hermanos provoca un gran dolor, puede basarse en un conflicto en la relación infantil del niño y sus hermanos, a pesar de que en la vida adulta haya cesado la hostilidad. En el niño, el concepto de dar muerte no tiene el mismo significado que para los adultos, simplemente se considera como la evitación de una situación dolorosa en la relación con los padres o hermanos. Cuando un varón o una mujer adultos sueñan con la muerte de una persona del mismo sexo, representa tanto la rivalidad como el deseo de eliminarlo en el conflicto edípico.

b) El sueño de vergüenza ante la propia desnudez. Es un sueño exhibicionista de la infancia del sujeto, en el cual el sujeto se complace en mostrar su cuerpo. La vergüenza y la culpa aparecen por el contenido ilícito. Gutheil (1966) señala que, además del significado expresado por Freud (1900/1981b), estos sueños expresan sentimientos de culpa o inferioridad.

c) El sueño del examen. Es el recuerdo de los castigos experimentados en la infancia por las faltas cometidas y que se relacionan con los eventos reales ante los que el sujeto se siente examinado (Stekel, como se cita en Freud, 1900/1981b). Este sueño se presenta en personas con inhibiciones y limitaciones respecto a la vida sexual adulta.

d) El sueño del tren. Perder el tren es un sueño donde existe el temor a partir, que significa morir. El sueño finalmente es tranquilizador, ya que deja la sensación de no partir y por lo tanto de haberse salvado de la muerte. Para Garma (1977) la pérdida del tren es la pérdida de las posibilidades eróticas de la vida y su motivación son las inhibiciones del sujeto. En la mujer este sueño puede simbolizar frigidez, ya que, al escaparse el tren, se escapa el orgasmo genital.

e) El sueño de extracción de una muela o caída de dientes. El sujeto masculino suele representarse un placer onanista (de masturbación) y aparece con frecuencia en la pubertad. Sin embargo, también se refiere a la homosexualidad, la castración y, en las mujeres, a procrear un hijo. En el varón, cuando la polución sobreviene en el momento de haber sido extraída la muela en el sueño, la polución se considera como una satisfacción onanista conseguida sin el auxilio de excitaciones mecánicas.

Cuando existe ansiedad en estos sueños, puede representar el temor a envejecer. En los sujetos que en la vida real han sufrido la caída de dientes, sueñan que sus dientes son extraídos sin dolor, situación en la que se encuentra la satisfacción de un deseo y una forma de consuelo ante su sufrimiento.

f) Sueños del lunes. Grinberg (1981) reporta estos sueños de sus pacientes como la manifestación de una escena primaria. También puede implicar separación, abandono, muerte, etcétera.

g) Soñar con un proceso psicoterapéutico. Puede significar que se compensa la vivencia de pérdida del vínculo con el analista ante la separación por vacaciones o fin de semana, por ejemplo. Se trata de restaurar el vínculo por medio de la recreación latente o manifiesta de la relación terapéutica, aunque suele tener diversas modalidades transferenciales, es decir, puede implicar afectos de dependencia, de control, de odio, de amor, etcétera.

h) Sueños en los que el soñante tiene una sensación de parálisis. Existe un conflicto de la voluntad y, cuando se presenta con angustia, representa una volición de la pulsión sexual.

El segundo grupo contiene los sueños que poseen diversos significados, pero su material procede de sensaciones de la misma fuente psicosomática. Se explican a continuación:

a) El sueño de volar, en el que se repiten las sensaciones agradables de vértigo y sobresalto que se vivieron en la infancia. En los adultos estos sueños se repiten pero omitiendo los brazos del adulto que los sostenía. En los adolescentes estos sueños provocan muchas veces sensaciones sexuales, reproducen la agitación de la infancia, pero transforman en angustia las sensaciones de placer vividas antes. Estos sueños pueden ser una tendencia a superar las dificultades de la vida. Las personas sometidas a situaciones desagradables reflejan el deseo de libertad mediante estos sueños. Federn (como se cita en Freud, 1900/1981b) señala que, en los hombres, la sensación de volar en el sueño se relaciona con la erección, cuando se vuela, el pene está erecto.

b) Los sueños de caerse se refieren, en las mujeres, a la entrega a una tentación sexual. Las personas que temen perder el control de sí mismas expresan ansiedad después de haber tenido sueños de caída.

c) Sueños de orinarse en la cama. Respecto a los sueños en los que el sujeto nada en fluidos infantiles, que significa orinarse en la cama, se renueva el placer al que renunciamos en la vida adulta. Si se da en niños y adolescentes y mucho menos en adultos, el hecho de orinarse pasa a ser un sueño de comodidad, ya que el sujeto sueña que va a orinar y efectivamente lo hace en la cama y esto le permite seguir durmiendo. En otras ocasiones, los sueños referentes al agua se basan en un estímulo vesical. Salvar a alguien que está dentro del agua significa parir cuando es una mujer quien lo sueña.

d) Los sueños de ser perseguido. Ser perseguidos por ladrones nocturnos, escapar de situaciones peligrosas, huir perseguidos por animales furiosos o ser amenazados por cuchillos y puñales posee un significado de acoso sexual, aunque también se encuentra implicado el castigo Superyoico por un acto ilícito.

e) Sueños de *déjà vu*. Estos dejan la sensación de revivir la estancia del sujeto en lugares y localidades y poseen un significado referente al vientre materno, en relación con la gestación o el nacimiento.

f) Sueños de avanzar. Avanzar por espacios estrechos o sumergirse en el agua con frecuencia se refiere a la vida intrauterina o al nacimiento.

g) Cuando se tiene la sensación de haber soñado el sueño mismo, tiene por objeto rebajar su valor y despojar al sueño de su realidad. Lo soñado tiene la representación de la realidad, el recuerdo y el sueño subsiguiente entrañan lo deseado por el sujeto.

h) Sueños de comodidad. Garma (1977) llama a estos sueños masoquistas; en ellos, la satisfacción aparente oculta el sometimiento interior. Estos sueños suelen presentarse en sujetos enuréticos, es decir, en personas que no tienen un adecuado control de esfínteres urinarios y que saben que si se orinan serán reprendidos o serán objeto de burla, por lo que se hipotetiza que en ellos existe un intenso masoquismo que, sin embargo, les permite seguir durmiendo para que no los despierte el intenso deseo de orinar.

Las pesadillas
Se llama pesadilla a un sueño acompañado de angustia que generalmente se recuerda y cuyo contenido se vive como si hubiera sido real.

Hay que diferenciar los terrores nocturnos de las pesadillas. Algunos autores describen de manera indiferente las perturbaciones denominadas "pesadillas", "terror nocturno", "sueños angustiosos" y "sueños desagradables", porque consideran que la diferencia entre ellos es la intensidad. Otros autores asemejan las pesadillas a los terrores nocturnos, pero los diferencian de los sueños de angustia. Por último, hay quienes ponen más énfasis en la separación de pesadilla y terror nocturno. Los terrores nocturnos, como ya se dijo, son miedos irracionales que no necesariamente van acompañados de imágenes oníricas ni suceden en el periodo REM, a diferencia de las pesadillas, en que sí se sueña, sí tienen significado y son susceptibles de interpretación.

Durante la pesadilla (Ajuriaguerra, 2001), el niño hace algunos movimientos, gime y se despierta. Mediante estas conductas puede expresar su ansiedad y está predispuesto a dejarse consolar por los padres con cierta facilidad o persistir en un determinado estado ansioso porque tiene miedo de volverse a dormir y ser presa de los sueños angustiosos que se vuelven pesadillas.

Durante los terrores nocturnos, después de algunos pequeños gritos, el niño se levanta o se sienta en su cama, su cara muestra angustia, grita, gesticula, se agita, hace como si se defendiera, como si viviese una representación terrorífica, no reconoce a las personas que lo rodean, pero reacciona más o menos a los intentos de reconfortarlo. Cuando el terror se acaba, el niño vuelve a dormirse y al despertar no recuerda lo sucedido. Los terrores pueden repetirse a lo largo de varias noches consecutivas y, muy raramente, en una misma noche. Cuando se repiten, las crisis sucesivas tienen generalmente un horario fijo.

Según Delaney (1995) la pesadilla del adulto es parecida, pero no idéntica al terror nocturno del niño. Se caracteriza por una descarga vegetativa masiva y, cuando tiene lugar el despertar psíquico, lo que ocurre con bastante frecuencia, el sujeto no se acuerda del sueño, pero siente una angustia terrible con sentimiento de opresión y de parálisis.

Sperling (1991) describe tres tipos de perturbaciones que ocurren durante el sueño: a) un tipo "psicótico" con hipermotilidad, comportamiento psicotiforme durante la crisis y amnesia retrógrada; b) un tipo "traumático" con inicio casi siempre después de un traumatismo agudo, con sueño irregular, gritos, despertar frecuente, con la ansiedad de un sueño que representa una repetición de la situación traumática original, y c) un tipo "neurótico", que se caracteriza por pesadillas en las que el niño se despierta del todo, con angustia y un recuerdo vivo y duradero de los contenidos de los sueños.

Aunque las pesadillas y los terrores nocturnos se consideren como manifestaciones distintas, ambos responden a manifestaciones de angustia infantil y son la expresión de un conflicto interno no resuelto. En el caso del sueño de angustia, como dice Freud (1900/1981b), la función de "guardián del dormir" que tiene el sueño fracasa, el sueño se convierte antes en perturbador del dormir que en su guardián.

Tanto los terrores nocturnos como las pesadillas son una manifestación de descarga pulsional que provoca una excitación que se consolida y comienza a representarse en la oscuridad amenazante de la noche. Para este momento, en el aparato psíquico del individuo ya se ha internalizado el conflicto principalmente en la relación con los objetos (seres queridos significativos) ambivalentes, es decir, hacia los cuales se siente tanto amor como odio, lo cual produce angustia, ya que la deformación de dichos objetos en las pesadillas los vuelve terroríficos. La descarga de estos conflictos atemorizantes para el sujeto que el Yo no alcanza a reprimir en su totalidad produce las pesadillas. Así se cumple el hecho de que la pesadilla es una transacción entre la pulsión que tiende a expresarse y la defensa. El Yo debilitado se ve abrumado por la descarga de esa excitación que implica el conflicto, pero que, finalmente es una descarga solo parcial.

Así, la pesadilla es un estado durante el sueño acompañado de intensa angustia y que generalmente se recuerda al despertar. Las pesadillas son bastante comunes antes de los cinco años de edad, con frecuencia aparecen entre los siete y los 11 años de edad. Esto ocurre en la época de la latencia e involucra el complejo de Edipo, una vez resuelto este problema, dejan de aparecer durante la adolescencia. Garma (1977) hace coincidir la aparición de la neurosis traumática que por su intensidad produce pesadillas.

Las pesadillas también son síntomas que acompañan al estrés postraumático. Aunque lo cierto es que una pesadilla podría ser una revisitación de una experiencia actual o una revisitación de una experiencia fantasiosa y hasta es probable que se trate de una combinación de ambas. Una pesadilla que empieza inmediatamente después de que el sujeto ha estado expuesto a un evento traumático es señal evidente de que el evento, en efecto, fue traumático y tiene probabilidades de aparecer después de muchos años. Esto quiere decir que las pesadillas pueden aparecer inmediatamente después de haber vivido un evento traumático o pueden aparecer después de muchos años. Los conflictos internalizados y que fueron reprimidos logran pasar parcialmente a la consciencia durante el sueño, ocasionando angustia que se expresa en el sueño a través de las pesadillas y que provoca que el sujeto se despierte.

También un número determinado de pesadillas pueden explicarse a través del masoquismo. El sujeto usa la pesadilla como una forma de autosufrimiento y hasta de autocastigo. También la culpa motiva que el sujeto durante el sueño presente pesadillas, ya sea de origen libidinal (es decir, sexual), agresivo, escópico (se refiere a fantasías o actos voyeristas que generan culpa en el sujeto) o invocante (que alude a las fantasías o actos de escucha indebida que hacen sentir culpable al sujeto).

Características clínicas de las pesadillas

En la pesadilla, el despertar sucede precisamente en el momento en que, por la interrupción del sueño, apenas se impide que el deseo reprimido pueda penetrar en el consciente. Sin embargo, a veces no es necesario despertar, pues la pesadilla también puede significar la realización de un deseo de autocastigo para las pulsiones que amenazan con evadirse de la represión. De este modo, la pesadilla puede también catalogarse como la realización de un deseo, solo que no satisface la pulsión reprimida, sino que representa la satisfacción de la consciencia represiva a través de un castigo.

En los sueños de los niños, el contenido apenas se desfigura, por eso los niños tienen más pesadillas que los adultos, pues resulta mucho más fácil reconocer la situación original que les causó temor. Las pesadillas toman la forma típica de un sueño largo y elaborado que provoca una intensa ansiedad o terror. El contenido de estos sueños suele centrarse en peligros físicos inminentes para el niño (persecuciones, ataques, heridas). En otros casos, el peligro percibido puede ser más sutil (fracasos personales o situaciones embarazosas).

Los sueños lúcidos

Los sueños lúcidos son aquellos en los cuales la persona tiene conocimiento de que está soñando, también tiene cierto control sobre lo que está soñando y, por lo tanto, es posible hacer modificaciones voluntarias durante el sueño. Por ejemplo, una persona soñó que iba manejando a alta velocidad y vio cómo a esa velocidad iba a chocar más adelante. Como sabía que estaba soñando que iba a alta velocidad y que iba a chocar, en el mismo sueño decidió bajar la velocidad y ser más precavido, evitando así el accidente y continuó soñando que llegaba a su destino al encuentro con su familia en forma placentera.

Los sueños lúcidos son aquellos en los cuales el sujeto es consciente, esto es, se da cuenta de que está soñando. Suele suceder en forma espontánea o puede darse mediante una disciplina férrea como la que desarrollan mediante prácticas y ejercicios los monjes budistas tibetanos. El que llega a tener sueños lúcidos, no siempre, sino de vez en cuando, llega a la iluminación. El uso del adjetivo "lúcido", sinónimo de consciente, fue usado en 1967 por Léon D'Hervey de Saint-Denys.

La tarea básica del cerebro es predecir y controlar los resultados de los propios actos en el mundo. El cerebro percibe mejores conjeturas de lo que va a pasar a su alrededor y lo hace con la información que recibe de los sentidos: vista, oído, olfato, gusto, tacto, presión, dolor, etcétera. Cuando se duerme, el cerebro obtiene poca información por medio de los sentidos (LaBerge y Rheingold, 2013), por lo tanto, la información que está más rápidamente disponible es la que se encuentra dentro de él: recuerdos, valores, motivaciones conscientes e inconscientes, expectativas, temores, deseos, etcétera.

Soñar es el resultado del mismo proceso de sensaciones y percepciones que utilizamos para comprender el mundo cuando estamos despiertos, por lo tanto, para entender el sueño, se debe conocer el proceso de percepción y vigilia, se debe saber cómo se modifica el funcionamiento de la mente mediante los desplazamientos y símbolos oníricos.

La percepción y la organización de sensaciones en el cerebro, o sea, lo que se ve, se escucha, se siente, depende en gran medida de las propias expectativas. En cierto sentido, todo lo que se percibe es lo que principalmente se espera. También resulta más fácil percibir aquello que se conoce, lo que resulta familiar, que aquello que no se conoce. Otra influencia importante sobre la percepción es la experiencia reciente. Los intereses particulares, las ocupaciones y la personalidad pueden influir notablemente en la experiencia de las personas y, por lo tanto, en lo que sueñan.

Motivación y percepción en los sueños lúcidos

Otro factor importante que influye en la percepción y en los sueños es la motivación, ya sea consciente o inconsciente. Las propias motivaciones son la razón personal para hacer las cosas. Existen muchos tipos distintos de motivaciones, desde las que abarcan los impulsos básicos —como el hambre, la sed y el sexo—, pasando por las necesidades psicológicas —como el afecto, el reconocimiento y la autoestima—, hasta las motivaciones supremas —como el altruismo y lo que Maslow (1970) denomina "la realización personal", la necesidad de cumplir con la propia capacidad creativa, única y singular—. Es probable que todos los niveles de motivación puedan afectar los procesos perceptuales y sirven para la autorrealización personal.

Las emociones intensas motivan la conducta e influyen en la percepción, así como en la forma y el contenido de lo que se sueña.

En términos generales, todos podemos tener sueños conscientes, o sea, sueños lúcidos. En psicoterapia se utilizan principalmente para que el paciente, cuando los llega a tener, trate de volverlos a repetir con la instrucción de que después de haber tenido un sueño lúcido lo siga soñando y que, dentro del mismo sueño, trate de cambiar la situación indeseable o traumática que se presenta (González-Núñez, 1990).

Si la meta del sueño es la realización de deseos, y si estos deseos son displacenteros, Garma (1977) pide que el sujeto no sea "cobarde"; es decir, el autor se refiere a que pudiendo lograr la satisfacción del deseo durante el sueño o la solución del trauma, el sueño se ve interrumpido antes de que esto suceda o se le da otro destino insatisfactorio. Se trata de que el sujeto, durante su sueño lúcido, pueda cambiar el deseo displacentero por uno agradable y satisfactorio que le traiga bienestar y salud mental.

Si el motivo del sueño es la elaboración de una situación traumática infantil, adolescente o adulta, el sujeto debe tratar de encontrar la solución al trauma resolviéndolo en tal forma que el soñante quede tranquilo.

Si el motivo del sueño representa un conflicto en las relaciones interpersonales con quienes lo rodean: madre, padre, hermanos, pareja, hijos, jefes, compañeros de escuela, compañeros de trabajo, extraños, etc., hay que modificar, mediante el sueño lúcido, la situación conflictiva interpersonal por una relación agradable, armónica y confiable.

Como ya se precisó antes, así como hay leyes de la percepción en la vida cotidiana, en las alucinaciones del sueño se siguen conservando las leyes, por lo tanto el sujeto puede ser consciente durante su sueño lúcido de que se puede dejar llevar más por las percepciones que por las alucinaciones, lo cual le permite hacer cambios reales en el contenido del sueño.

Por ejemplo, si un sujeto tiene un sueño lúcido de estar volando, es claro que es consciente de lo que está haciendo y de que es una alucinación, pero puede programarse, si ese fuera su deseo, para volar más alto y durante más tiempo y, usando la percepción, determinar el lugar al que desea llegar. La alucinación es volar y la percepción es saber, perceptualmente, adónde se quiere llegar. El cambio también puede producirse si hay angustia al volar; a través del sueño lúcido se puede transformar la angustia en placer. Si el trauma fuera caer, el sujeto puede volar más alto sin temor a caer o si llegar a un lugar determinado tuviera el propósito de encontrarse con alguna persona, que la encuentre y que logre que la relación sea buena.

Otro aspecto, un poco más complicado a considerar es cuando el contenido de los sueños lúcidos es simbólico. Es más difícil modificar el contenido del sueño lúcido porque el sujeto que sueña tiene que ser consciente, no solo del hecho de que está soñando, sino también del significado simbólico de sus sueños. Esta traducción es más difícil porque se tiene que traspasar lo reprimido y desreprimir el contenido simbólico del sueño.

Sobre este tipo de sueños se puede tener dominio cuando se está en psicoterapia psicoanalítica o en psicoanálisis, ya que el psicoanalista ayuda a desentrañar cuáles son los símbolos y su significado más profundo y ayuda a ver por qué símbolos o por qué situaciones se puede cambiar ese contenido. Además, hay que tomar en cuenta que un símbolo puede tener varias advocaciones. Por ejemplo, en la época de los griegos, cuando estos se enfermaban, iban al templo de Epicuro a soñar. Si soñaban el ícono, o sea, la representación gráfica de Epicuro, quería decir que se iban a curar, pero el sujeto que no podía soñar directamente a Epicuro, tenía la opción de soñar con un perro o una serpiente ya que ambos símbolos eran advocaciones válidas de Epicuro.

Existen métodos de entrenamiento para tener sueños lúcidos, no son fáciles de lograr ya que, como se dijo antes, opera la represión sobre los contenidos. Sin embargo, el primer paso sería concentrarse, desear y visualizar que se va a tener un sueño lúcido. En segundo lugar, hay que concentrarse y tratar de visualizar el tema específico que se desea para el sueño lúcido. El tercer paso es que en el momento de dormirse se vuelva a visualizar el deseo de tener un sueño lúcido. En cuarto lugar, hay que concientizarse de que no es nada mágico sino un proceso natural en el que se puede ejercer la consciencia y no temer los contenidos reprimidos del propio inconsciente. En quinto lugar, cuando se tiene el sueño lúcido se debe hacer el esfuerzo deliberado por conseguir la meta o deseo que el soñante tenga.

Si se logran los puntos anteriores quiere decir que el sujeto tuvo la valentía de superar sus contenidos reprimidos y de superar el placer inconsciente de permanecer en ese estado placentero que brinda el sueño y, en particular, el sueño lúcido.

Mitos y realidades de los sueños premonitorios

Existen sueños premonitorios que pueden anunciar al sujeto datos sobre sucesos futuros, relacionados con su propia conducta y sus metas. En este tipo de sueños entran en juego los elementos cognoscitivos; mediante la inteligencia, la memoria, la atención, el aprendizaje, etc., el sujeto capta probabilidades de que algo bueno o malo le suceda y lo sueña.

El sueño premonitorio puede ser único o repetirse con el objeto de que el soñante tome en consideración la advertencia que presenta el sueño. Esta clase de sueños escenifican dramas o tragedias que no deben cumplirse y su crudeza y fuerte emotividad impresionan al soñante que recibe la advertencia con temor de que pueda suceder lo que ha visto y sentido en el sueño. Estos sueños incluyen imágenes de asesinatos, incestos, violaciones y actos de crueldad. Este sueño se ha confundido con los sueños adivinatorios, precognoscitivos y de clarividencia que escenifican una acción que se cumple necesariamente.

El sueño adivinatorio es aquel que presenta un acontecimiento que se verificará en un futuro no determinado. El sueño precognoscitivo es aquel en cuya composición se realiza una síntesis y predice o ve los acontecimientos que van a realizarse, casi siempre en un futuro inmediato. Existen diez clases de estos sueños de acuerdo con las posibilidades y características de su realización; pueden presentarse simbólicamente o con los hechos tal como sucederán con todos los detalles. Este sueño ha sido el más espectacular a través de la historia y puede decirse que es raro y se produce solo en personas con capacidad receptiva y de síntesis, sobredotadas o con capacidades psíquicas. No son voluntarios, como todos los otros tipos de sueños.

El sueño de clarividencia no debe confundirse con el telepático, en el que interviene la voluntad e intención emotiva o racional de una persona que la transmite al soñante. En el sueño clarividente se ve, sin la intervención de ninguna persona o cosa: una casa, un bosque, una ciudad, etc., o un hecho, un acontecimiento, en el momento de ocurrir. Puede ser estimulado y presentar un hecho pasado que el soñante precisa conocer o un lugar donde se encuentra oculta alguna cosa, tesoro, robo o entierro (Anguiano, 1981).

Los sueños proféticos son sueños de anunciación y carácter religioso, se ajustan a los principios ético-religiosos y profetizan acontecimientos que sucederán y afectarán a la comunidad religiosa o dictan normas que regirán a una comunidad. Son, de acuerdo con las Sagradas Escrituras, la vía de comunicación entre Dios y los profetas o seres humanos predestinados, que son personas exclusivas para soñarlos.

Del mundo del inconsciente, del cual forman parte los sueños, procede también un fenómeno que resulta muy difícil de explicar. Se trata del fenómeno de los presentimientos, que actualmente se presenta en numerosas personas. El presentimiento se diferencia del sueño verídico solo por el hecho de que ocurre de repente en medio de la consciencia diurna, en vez de manifestarse como imagen onírica mientras se duerme. Algunos de estos presentimientos no son más que advertencias oníricas que han quedado en el inconsciente; pasan del inconsciente a la consciencia sin intervención de la voluntad y a veces nos angustian de tal modo que nos inducen a una acción que en la mayoría de los casos confirma luego la justificación del presentimiento (Sonnet, 1985). Podemos designarlos como una especie misteriosa de advertencia ante determinadas personas, actos que intentamos realizar o ante el proceso de acontecimientos que influyen en nuestra vida. Muchas veces no es posible descubrir la causa o la fuente de tales presentimientos.

Esta función del alma, que transmite semejante conocimiento directo, es lo que designamos con el nombre de "presentimiento". Jung (1911) la englobaba en el concepto de "intuición". Ahora bien, como fuente de conocimiento, esta intuición reúne funciones muy diversas para formar un solo acto mental, concretamente, las funciones del asombro y de la investigación. Frente al intelecto y al instinto, la intuición representa un nivel de consciencia más elevado, con el contenido conceptual de penetrar directa y concretamente en las cosas.

Si el entendimiento lleva al concepto, la intuición lleva a la comprensión. La intuición es una fuerza creadora, a diferencia del instinto —que actúa de forma automática— y el entendimiento —facultad ordenadora—. Solo por medio de la fuerza de la intuición el ser humano puede dar una respuesta a los enigmas que rebasan los límites de su entendimiento; enigmas que el entendimiento rechaza como inexplicables o insolubles, pero que surgen ante nosotros una y otra vez. Cuando esta intuición o, como se dice también, esta voz interior habla, es que quiere decir algo muy determinado y, a veces, es peligroso no hacer caso de ella.

Por desgracia, muchas personas son incapaces de admitir este elemento irracional o simplemente no son capaces de darse cuenta de su existencia, debido a que se lo impiden sus facultades racionales, que se han desarrollado de una forma unilateral debido a su educación y su profesión.

Podría concebirse el presentimiento o la intuición como una función de percepción inconsciente, que toma como verdadero aquello que todavía no ha entrado en el primer término de la realidad, pero que vive al fondo de esta y quizá hará su aparición o, por lo menos, tiene la probabilidad de aparecer.

Muchas personas oyen esta voz interna y hacen caso de ella porque de pronto se sienten poseídas por la certeza de que les anuncia sucesos venideros o quiere advertirles de peligros que amenazan a personas o lugares.

El sueño ofrece de un modo más intenso la imagen del movimiento en el inconsciente. Tiene a menudo el poder de prometer, advertir y anunciar, si se sabe comprender su lenguaje. A veces habla un idioma asombrosamente claro y la persona intuitiva encuentra instintivamente la interpretación adecuada, que contiene un consejo para hacer o dejar de hacer una cosa u otra.

En las sociedades primitivas, como las tribus alejadas de la civilización moderna, en las que las personas poseen aún una vida psíquica intacta, que se parece a la de los niños, de los cuales sabe la psicología que precisamente son los que poseen en una medida extraordinaria y mucho más intensa que los adultos la capacidad de la intuición y el presentimiento. En ellos desempeña un papel muy importante el sueño de premonición o de advertencia para la conservación del individuo y la tribu.

Esto se ejemplifica de la siguiente manera: "Cuando contaba unos 19 años de edad, obtuve un empleo tras el cual había estado hacía ya un año. Pero la noche que precedió al día en que había de incorporarme como fogonero, soñé tres veces seguidas lo mismo: una explosión de una caldera me arrojó del edificio y morí en un hospital. Este sueño me dio tanto miedo, que no acepté aquella clase de trabajo. Una semana después de esto, sucedió tal como había soñado. El hombre que fue admitido en el empleo en vez de mí fue expulsado por una explosión del edificio donde trabajaba y murió".

También fue famoso el sueño verídico que tuvo el presidente estadounidense Abraham Lincoln (1809-1865) poco antes de ser asesinado; en el mes de abril de 1865, soñó que moría. A continuación, le contó a su biógrafo, Ward Lamon, que había soñado que recorría la Casa Blanca habitación tras habitación y que todas estaban vacías, pero que en una de ellas se oía algo que parecía un llanto. Cuando llegó a la habitación del este, vio allí reunida una numerosa multitud. En medio del aposento había un catafalco y Lincoln preguntó: "¿Quién ha muerto?", a lo que alguien le respondió: "¡El presidente ha sido asesinado!"

A menudo se habla de lo imponderable del sentimiento, de la inspiración y de la intuición, pero son pocas las personas que saben aprovechar para su vida estas facultades del inconsciente. En general, el hecho de no dar importancia a estas cosas se debe a que los interesados temen que sus semejantes los tilden de maniáticos o de visionarios.

Pero esta voz interior, el sentimiento, el presentimiento son fuerzas psíquicas en sentido estricto. Pueden constituir un complemento necesario para el desarrollo del entendimiento de uno mismo, que a menudo resulta unilateral, pero que, en medio del bullicio y el ajetreo de la civilización actual, se ha olvidado grandemente la facultad de prestar atención a la voz interior que se manifiesta en forma de presentimientos o sueños. Con este comportamiento el sujeto se priva a sí mismo de una facultad psíquica que enriquecería su existencia y, a menudo, podría preservarlo de golpes del destino o de amargas decepciones.

Capítulo 8. La muerte y los sueños

El proceso de muerte en el sueño

Entre los afectos que más angustian a los soñantes se encuentran aquellos relacionados con contenidos oníricos que despiertan el temor a la muerte, propia o de algún ser querido. Muchos soñantes suponen que soñar con la muerte de algún ser querido es indicador de que este está en peligro y los deja angustiados. No obstante, como los demás símbolos oníricos, el de los sueños de muerte requiere ser entendido de forma psicodinámica.

Muerte y vida, transformación y renacimiento son los temas fundamentales de todas las tradiciones religiosas. Además de un más allá descrito con detalle, cada religión ha elaborado un grupo propio de divinidades de la muerte, una forma de juicio de la vida llevada, un camino preferente para el otro y una serie de prácticas rituales o devotas para asegurarse, ellos mismos y a sus seres próximos, un traspaso con facilidades y provechoso. En la mitología celta, quien procura muerte es Sucellus, que golpea con fuerza la frente del agonizante con un martillo —al tiempo que es dios de los bosques, la agricultura y medicina—, pero el verdadero señor de la muerte es Dispater, quien en la mitología romana es una divinidad oscura de ultratumba y, a la vez, señor de la estirpe, ya que entre los muertos, los antepasados, las semillas enterradas en el surco para que puedan germinar en primavera y las riquezas y tesoros de la tierra hay un vínculo muy estrecho. Los romanos también consideraban guardián de los muertos, señor de la hoz y de las semillas al viejo Saturno, rey de la isla de los Beatos. Lo mismo puede decirse de los griegos, para quienes Hades es señor del inframundo y rey de los muertos.

En la tradición hindú y en la tradición maya, los dioses de la muerte, Yama y Al Puch, respectivamente, guardan relación con el alimento. En Egipto las funciones del dios de los muertos están desempañadas por Osiris, el único que muere y resucita.

Soñar con la muerte puede significar un paso de una condición a otra, la ruptura de un esquema, un cambio en el modo de vivir, de ser y de pensar. También puede simbolizar simultáneamente alejamiento y renovación, el corte del cordón que nos ancla en el pasado, el desgarro del velo que nos retiene en la ignorancia. La muerte implica en sí misma sentimientos de angustia y desesperación: el dolor de la separación, el miedo a una nueva condición, la lamentación por lo que se va y ya no vuelve. Es evidente que el punto de ruptura no es fácil, genera dolor y manifiesta el aspecto destructivo, disgregador de la energía; pero, por otra parte, es el umbral obligado para acceder a algo diferente que se presupone mejor, rompiendo la cristalización de las formas y liberándolas del estancamiento.

Sin duda, soñar con la muerte no anuncia que el soñante ni alguien cercano va a morir. Cuando soñamos que nos morimos o que estamos muertos lo que hacemos es anunciar la muerte parcial de nuestras esperanzas e ilusiones, o bien de una parte de la personalidad del soñante. Este es un tema importante y es conveniente que se analice con detenimiento todo cuanto se sabe acerca de él, ya que es uno de los grandes tópicos con los que se ha de enfrentar el ser humano a lo largo de su vida, ya que al nacer comienza la marcha imparable hacia la muerte.

Los relojes con su tic tac recuerdan constantemente al ser humano aquella frase lapidaria: "Todas hieren, la última mata" (Xandro, 1982); se refiere a las horas, esas particularidades artificiales que recortan la propia existencia. El miedo a morir se une al miedo a dormir, el sueño es como hermano de la muerte, asalta y atemoriza a los neuróticos. Todos suelen tener miedo al final, al camino que los arrebatará de esta vida conocida y que los llevará sin duda a otra dimensión, donde la razón asegura que habrá un premio o un castigo, y que los actos de esta vida han de tener alguna repercusión en la otra. La otra ribera del río de la vida que no se alcanza a ver con los ojos mortales causa temor, sobre todo porque solo se conoce la cara doliente, el rostro del sufrimiento y el dolor que acompañan a la muerte. Perder a un ser querido es un trance muy fuerte. Y en el propio dolor se asocia la muerte con la rotura definitiva de la vida y acaso la anulación del propio ser. Para los cristianos, morir es liberarse de la carne y cumplir el final de la prueba y el encuentro en los brazos amorosos de Dios.

En muchas personas no es la muerte lo que aterra sino la forma de morir: con dolor, solos, en pecado, etc. Los reportes de pacientes enfermos o en cirugías que han tenido experiencias cercanas a la muerte dicen que al morir se va por un camino, una especie de cueva o túnel, donde al final hay una luz y un ser resplandeciente. Según algunos, se llega vestido con una especie de túnica, según otros, sienten que abandonan el cuerpo y flotan en el aire, mientras observan su propio cuerpo. Se oyen voces de personas que se conocen y que han muerto antes y, en ocasiones, las ven. Lo primero que perciben es la propia vida en una visión panorámica, se analiza lo bueno y lo malo que se ha hecho, y junto al que muere está esa figura blanca, condescendiente. Desde ese lugar, los que lo han reportado ven la habitación en que han muerto y contemplan a sus parientes, médicos, etc., y oyen lo que dicen, pero ellos saben y notan que no pueden intervenir.

Lo más curioso de estas experiencias cercanas a la muerte es que las personas que pasan por ellas pierden el miedo a morir. Procuran hacer actos buenos, en el sentido de enriquecer su personalidad y utilizar la bondad con los otros, porque saben que cuando mueran y vuelvan a ver su vida proyectada en ese juicio particular se sentirán más orgullosos de sí mismos. Y no sentirán sus manos vacías.

Lo que sí es importante dejar en claro es que, en líneas generales, la muerte no es tan terrible como se la imagina ni como se presenta a través de las escenas de dolor y de sufrimiento. Es un trance particularmente difícil del que se huye guiado por la pulsión de vida. Pero, como se ha dicho, las experiencias de los que han llegado, digamos, a las puertas, confiesan que fue dulce la separación del alma y el cuerpo, incluso los budistas dirían la separación del cuerpo astral y el cuerpo físico.

La muerte de personas, aun la propia, en sueños, no siempre contiene avisos premonitorios, sino que muchas veces puede significar, y lo significa de suyo, la muerte de ilusiones, la modificación o muerte de actitudes, frente a los otros o frente a la vida. Sin embargo, no se puede dudar de la veracidad de algunas premoniciones de muerte en los sueños.

Steingel, soldado de Napoleón (Sonnet, 1985), le pide a este, antes de una batalla contra los austriacos, que reciba de sus manos el testamento, pues sabe que va a morir en cualquier encuentro del día siguiente. Napoleón no lo cree e indaga sobre lo que lo mueve a pensar eso. Entonces Steingel le dice que ha tenido un sueño y que sabe que se va a cumplir.

Ha soñado que un guerrero croata de gran musculatura se va a enfrentar con él. Sabe que va a darle un golpe con su arma en el pecho y que de un agujero que se abre en el pecho del enemigo, ha visto salir la muerte que se lanza sobre él. Bonaparte se hizo cargo del testamento del soldado y pensó que no pasaba de ser una superstición, pero al terminar la batalla le anunciaron que Steingel había muerto; preguntó si alguien sabía cómo y los compañeros hicieron el relato de su muerte. Esto ocurrió en 1800 y fue la batalla de Marengo contra Austria. Al enfrentarse los dos ejércitos, Steingel, después de un momento de vacilación, arremetió contra un croata enorme dándole un golpe fuerte en el pecho de forma mecánica, el otro acometió al enemigo y lo arrojó del caballo, quedando Steingel sin vida. A Napoleón eso lo impresionó vivamente y conservó durante toda su vida este recuerdo.

Alexis Carrel (Xandro, 1982), el extraordinario premio Nobel de medicina, aceptaba plenamente los fenómenos telepáticos de contacto entre muertos y vivos. Decía que, aunque la distancia sea extrema, aunque no sepan el uno dónde está el otro, en el momento supremo se aparecen o se escuchan y puede transmitirse a través de los sueños el mensaje al ser querido, como lo relata Rulfo en la novela *Pedro Páramo*: el hijo de Pedro Páramo se le aparece, ya muerto, a su amada para anunciarle que ha muerto.

Pero no se debe temer a estas cosas porque son inevitables, como la vida y la muerte. Que el propio hermano o el padre, que un hijo o un primo den aviso de su muerte, en algún caso es inevitable.

Deben considerarse los dos elementos que se han señalado. En sueños, no siempre es indicio de muerte soñar con la muerte. Unas veces es miedo, simple miedo a morir o a que se muera un ser querido. Otras veces es el aviso de que algo ha muerto en uno mismo: intenciones, afectos, ilusiones, actitudes. Y más que el miedo a morir es el miedo a la forma en que se va a morir.

Algunas veces es un anuncio verdadero de muerte, pero cuando esto ocurre, las señales son tan firmes y convincentes que, como el soldado de Napoleón, se hará testamento. Aun así, en los casos de premonición de la propia muerte, puede intervenir en gran medida la autosugestión. La autosugestión, dicho de otra manera, puede producir la muerte.

Ejemplo de un experimento de sugestión y autosugestión

Un científico intentó demostrar el poder que tienen la sugestión y la autosugestión en la mente a través de un experimento llevado a cabo en Phoenix,

Arizona (Alish, 2010). Un preso que iba a ser ejecutado como parte de su pena de muerte fue el voluntario que se requería para dicho experimento. Esto ocurrió en el estado de Missouri, en la penitenciaría de Saint Louis, en donde aún existe la pena de muerte ejecutada mediante la silla eléctrica.

Al condenado a muerte se le propuso participar en un experimento científico para sustituir la muerte en la silla eléctrica por un nuevo método. Se le explicó lo siguiente: en la muñeca se le haría un pequeño corte en la vena para que su sangre fuera goteando hasta el final. La única ventaja de este método, le explicaron, es que podría sobrevivir si acaso su sangre se coagulaba durante el proceso. En caso de que esto ocurriera, se le liberaría. De no ser así, su muerte sería causada por la pérdida de sangre y una muerte así se llevaría a cabo sin causarle ni sufrimiento ni dolor. El preso aceptó, ya que le resultaba preferible esa muerte que la de la silla eléctrica; más aún, existía una posibilidad de que pudiera sobrevivir.

Al momento de la ejecución, el sujeto fue amarrado a una cama de hospital para que no se moviera. Se llevó a cabo el procedimiento diseñado: se le hizo un corte pequeño en la muñeca y debajo de la misma se colocó una vasija de aluminio. Al respecto, se le dijo antes que podría escuchar su sangre al caer en la vasija. Él no supo que el corte no era suficientemente profundo para que muriera desangrado pues no había tocado ninguna vena ni arteria, pero sí fue suficiente como para que él lo sintiera. Sin que él se enterara, debajo de la cama en donde yacía se había colocado un frasco de suero con una pequeña válvula. Al hacer el corte en su muñeca, se abrió la válvula del frasco para que el sujeto creyera que su sangre al gotear era lo que se escuchaba que caía dentro de la vasija (la realidad era que el sonido era del suero). Cada 10 minutos, el científico cerraba un poco más la válvula del suero, sin que el condenado lo viera y el goteo disminuía. El investigador, además, sugestionaba al ajusticiado sobre lo que debía sentir: "Ha perdido ya mucha sangre. Tiene que comenzar a sentir vértigos y mareos, palidece a ojos vistas, de un momento a otro fallará su corazón pues las palpitaciones ya son irregulares y está a punto de morir. Pobre hombre, decía otro de los presentes, toda la vida se le ha ido en este derramamiento de sangre".

Entretanto, el condenado creía que era el goteo de su sangre el que disminuía. A medida que pasaba el tiempo, el sujeto fue palideciendo más y más. Una vez que el experimentador cerró por completo la válvula del suero, el condenado tuvo un paro cardiaco y murió… sin haber perdido ni siquiera una gota de sangre.

De esta manera, el científico consiguió probar que la mente humana puede cumplir fielmente todo lo que se le prescribe y que acepta, por positivo o negativo que sea. Dicha prescripción y aceptación involucra a todo el organismo, tanto la parte fisiológica como la psicológica.

A partir de estos experimentos del efecto de la autosugestión se puede sostener que los sueños de tipo premonitorio de la propia muerte pueden estar guiados por la sugestión o autosugestión, como cualquier predicción que se le indique a una persona y que esta acepte, dada la autoridad que el sugestionador tiene sobre ella.

La autosugestión y la telepatía pueden explicar muchos de esos sueños. Pero las dos cosas son verdad: no solo no se deben temer los sueños de muerte, porque pueden simbolizar el final de algo, un amor, una vocación o una profesión, un trabajo, un afecto…, sino que cuando el sueño sea realmente premonitorio o profético, seguro que se sabrá antes de que nadie más lo diga.

Los sueños y el duelo ante la muerte de un ser querido

Los sueños también tienen un rol fundamental en cuanto a expresar los afectos que se tienen a partir de una pérdida. Asimismo, los sueños que se producen como parte del proceso de elaboración de un duelo son muy útiles para el psicoterapeuta que desea ayudar a un doliente. En consecuencia, es necesario presentar la trayectoria emocional que sigue el individuo al recibir la noticia de la muerte de alguien cercano, pues dichas fases se pueden encontrar simbolizadas dentro del sueño. Según la teoría del apego se tiene un modelo de cuatro fases que se cursan tras la pérdida de un ser querido (Nahoul, 2018):

1. Fase de anestesia. La primera reacción frente a la noticia de la pérdida suele ser de confusión e incredulidad; el sujeto se encuentra en estado de *shock* y tiene dificultad para comprender y aceptar lo ocurrido (Bowlby, 1993). La sensación de anestesia puede acompañarse de la dificultad para aceptar el hecho de la pérdida. Puede decir el sujeto: "No es cierto, no ha muerto en realidad", "Están equivocados, se fue pero luego regresa", sobre todo en los casos en que la pérdida es repentina. Bowlby utilizaba el término incredulidad para describir esta fase (Marrone, 2009). Hay obnubilación con momentos de

aflicción y cólera intensas así como angustia y pánico. Dura horas, días o una semana. Ayuda a sobrellevar los momentos inmediatos a la pérdida. En esta etapa, el proceso de duelo todavía no ha comenzado.

2. Búsqueda de la persona amada. Esta fase puede durar algunas semanas o meses y a veces años. Es el deseo persistente e intrusivo de estar con la persona perdida. En cuanto a afecto, se parece más a la ansiedad que a la depresión. Este es el componente subjetivo y emocional de la urgencia de buscar un objeto de apego cuando se pierde. Llorar y buscar para encontrar a aquel que se ha perdido es una conducta valiosa para la sobrevivencia individual y de la especie.

Se produce la necesidad de ubicar al ser querido perdido en algún sitio: su sillón favorito, la cocina, su recámara, etc. Habrá incluso quien desee reunirse con la persona perdida simulando morirse él mismo. Aquí es donde la idea de suicidio puede cobrar fuerza en los dolientes, pues se vuelve un medio para reunirse con la persona perdida. En esta etapa no se necesita tanto consuelo por la pérdida sino ayuda para lograr la reunión simbólica con el ser perdido.

La intensidad de la añoranza y la búsqueda disminuye de forma progresiva, a medida que la realidad de la pérdida comienza a ser comprendida poco a poco. El enojo de esta fase se parece al periodo de protesta observado en las separaciones de los niños pequeños de sus madres.

Otra forma de mitigar el dolor tras la pérdida es la incredulidad y de ahí que algunos sientan que aún están esperando a que regrese su ser querido perdido. Hay quienes, ante la pérdida, esperan que un día su ser querido perdido aparezca a la salida de la escuela, por ejemplo, pues ya "regresó de la muerte", como si se hubiera ido de viaje.

Los dolientes suelen enojarse con quienes tratan de consolarlos y ayudarlos a aceptar la pérdida, lo que desean es ser escuchados y compartir sus recuerdos, su necesidad de hablar de la persona perdida; ver sus pertenencias o fotografías da consuelo, pero también reactiva la tristeza y la angustia.

3. Fase de desesperanza. Esta comienza cuando el individuo termina por aceptar que la pérdida será permanente y el ser querido no va a volver; se da cuenta de que no tiene sentido seguir buscándolo y que tendrá que abandonar antiguas formas de pensar, de sentir y de actuar, lo que incluye el establecimiento de una nueva identidad. Sobrevienen la tristeza, la depresión y

la apatía. El sentimiento de soledad es muy intenso al reconocer la falta de la persona perdida en el mundo externo. La presencia de esta se mantiene en el mundo interno, en los recuerdos, en la memoria y los buenos recuerdos son un gran consuelo. Los afectos negativos, como el resentimiento, la vergüenza, la ira y la culpa complican la posibilidad de mantener una presencia benévola y acompañadora en el mundo interno y complica la resolución de la desesperación propia del duelo.

4. Fase de reorganización. Poco a poco, los dolientes llegan a la cuarta fase y con ayuda empiezan a reconstruir su vida. Recuperan poco a poco la capacidad para responder al mundo externo, disminuye su tristeza y vuelve el interés por la vida. Esto es lo que suele considerarse un proceso normal. Se toleran más las emociones dolorosas, como el anhelo y la frustración, la ansiedad y la tristeza producidas por la falta del ser querido y finalmente se acepta la irreversibilidad de esta a nivel cognitivo y emocional. Las viejas pautas de conducta, en especial las relacionadas con el ser perdido, dejan de tener sentido. En esta etapa no se rompe el vínculo con la persona fallecida, pero se modifica. El ser querido perdido ya no está en el mundo externo pero sí acompaña al doliente desde el mundo interno, en su mundo representacional, actuando —en el mejor de los casos— como una presencia de apego benévola. Se logran establecer nuevas relaciones. Se recupera la capacidad de disfrutar y de sentir placer, no se siente tanta culpa por seguir viviendo. Se pueden hacer planes a futuro y ya se involucra con seguridad en nuevas relaciones a pesar del temor a perderlas.

Las conceptualizaciones mencionadas acerca de la muerte y el proceso de duelo que acompaña a los deudos que pierden a alguien por muerte —o a aquellos enfermos que van a morir— se presentan para poder entender la profundidad simbólica de los sueños en los que aparecen y se expresan contenidos de muerte; esto es, no se puede interpretar cabalmente un sueño de muerte si no se conocen los antecedentes históricos, sociales, culturales e individuales en torno a esta.

Ejemplo de sueños de elaboración de duelo
En una investigación se estudió a la artista plástica Gilda Solís (n. 1948), pintora y escultora mexicana exitosa, mujer sensible y afectuosa que sufrió el

duelo por la muerte accidental de su hijo menor, quien al morir tenía 33 años de edad. Esta pintora utilizó sus habilidades y su técnica pictórica sobresaliente para elaborar el duelo por la pérdida de su hijo (Nahoul, 2018).

En la investigación presentada en el artículo "El arte pictórico como medio para elaborar el duelo en la obra de Gilda Solís" (Nahoul, 2011b), se expuso cómo esta artista, a través de los afectos expresados en su pintura, logró esta metabolización de los distintos afectos que obstruían la elaboración del duelo. Esto se encontró a partir de una entrevista semiestructurada, videograbada, en la que además narró dos sueños que tuvo después de la muerte de su hijo.

A través de estos dos sueños, contados por la pintora en la entrevista realizada por Nahoul para la investigación publicada en la revista *Alêtheia*, ella muestra y expresa su deseo de exhibir a su hijo tal como era: como un joven lleno de colores y lleno de alegría.

Primer sueño: "Soñé que lo veía en una parte, yo lo cargaba así porque estaba súper pesado, pero yo lo sentía, pero yo lo sentía tan ligero, lo acomodaba en mi cuerpo y me iba con él, lo metía en mi camioneta, o sea, como protegiéndolo, lo veía de traje. Estaba muerto. Lo cargaba y decía: ¡es mi hijo!"

Este sueño le sirve a la pintora como catarsis del dolor que siente por la muerte de su hijo y, en una realización de deseos, le permite reencontrarse con él. Tiene el elemento regresivo de tener a su hijo en brazos como cuando era un bebé y no pesaba y lo podía proteger. Lo que también llama la atención es que cargaba al hijo y lo metía a la camioneta, la que ella en realidad utiliza para transportar sus cuadros. Es decir que el hijo se convierte en uno de sus cuadros que carga y lleva en su camioneta, se transforma en un cuadro que ella puede llevar y traer consigo, para no separarse de él, para llevarlo y exponerlo de manera que al llegar a las exposiciones lo primero que pueda ver es a su hijo. Se entiende que es un cuadro que ella llena de colores, dándole así al hijo simbólicamente todos los afectos que tuvo por él.

Este sueño la ayuda a traslaborar el trauma de la noticia de su muerte como mostrándose a sí misma que sí pudo sobrellevar esa tragedia. También se podría interpretar que cargar al hijo y meterlo en su camioneta es como acomodarlo a su cuerpo y meterlo en su vientre para así protegerlo y llegar a exponerlo, es decir, para darle vida.

Segundo sueño: "Llegaba con una corneta, echando relajo y nos poníamos a reír los dos, él era también muy alegre, muy alegre. Tenía un amigo, Andrés, que cuando se quedaba eran muy alegres los dos. A la semana de fallecido

Sergio, la madre de Andrés enfermó de leucemia, era mi amiga, súper alegre. En el último rosario de mi hijo me abrazó y me dijo: 'No te preocupes. Yo voy a estar con nuestro hijo, con tu hijo'. A los pocos días esta amiga falleció".

Este sueño también es una realización de deseos en la que ve al hijo riendo y alegre como si no hubiera muerto. Las cornetas son las de la porra de un equipo de fútbol mexicano del que su hijo era aficionado y simbolizan el bullicio y la alegría. Lo que le da más sentido a su sueño es que en sus asociaciones se transforma en la amiga que muere y en su lugar va a acompañar a su hijo. En sus cuadros ella lo trae consigo, en la muerte de su amiga, con quien la pintora está identificada particularmente en su alegría y como madre, ella se va con él a acompañarlo al más allá.

Aunado al estudio e interpretación de los dos sueños anteriores, en la investigación se encontró que la actividad artística servía para detener la angustia intensa que desorganizaba la personalidad de la pintora ante el dolor insoportable de haber perdido a su hijo. Asimismo, se observó cómo, en este proceso, fue de mucha ayuda para ella encontrar emociones catalizadoras de los distintos afectos que promovieran la elaboración del afecto principal del duelo, que era la tristeza. Además, se encontró que, mediante la pintura, ella logró, de manera simbólica, reencontrarse con su hijo y elaborar la tristeza.

Capítulo 9. Los afectos y la agresión en los sueños y su resolución

¿Qué es la agresión?

La tesis freudiana sostiene que la agresión es una pulsión, por lo tanto, es innata. Freud (1900/1981b) fluctuó entre conceptualizar la agresión como una fuerza independiente de otras pulsiones o como parte de la pulsión sexual, para después separarla de lo libidinal, pero nunca dejó de ver lo pulsional. Orientación heredada, filogenética, por pertenecer a las especies anteriores al ser humano y a viejas generaciones, miles de veces seculares y con propósitos de autoconservación (Meza, 1980).

No es remoto suponer que, así como había imperado la intensa y antigua represión sexual, que también operaba a fines del siglo XIX y sobre todo a principios del XXI, operan también sobre el mundo los fenómenos prohibitivos de la expresión y reconocimiento de la agresión. Sin embargo, la represión de la agresión ha fallado y se encuentra actualmente a flor de piel. La agresión se expresa provocada por estímulos, ya sea internos o externos, de muy poca intensidad y de forma impredecible, lo que la vuelve un conflicto permanente y desestabilizador de la salud mental individual, de pareja, familiar y social.

Freud (1917) vio cómo las tendencias destructivas se vuelven contra uno mismo, contrarias a la autoconservación. Llegó a concebir la debatida pulsión de muerte, de la que él mismo mostró dudas, aún al final de su obra. Freud (1940) señaló que hay una agresividad que el niño internaliza contra los propios padres a causa de las frustraciones y malos tratos que el niño interpreta que le hacen, ya que pueden haber sido reales o fantaseados. También indicó que dicho niño debe renunciar a su necesidad de vengarse. Freud (1923) consideró el masoquismo como una culpa internalizada, un castigo dirigido contra uno mismo por fuerzas inconscientes. En este punto es donde aludió a la agresividad constitucional, explicativa de la eterna lucha de poder, señalando al individuo como el lobo del hombre y dando pie, entonces, para enjuiciar las superestructuras de poder y los mecanismos represores usados para hambrear al ser humano y explotarlo. Refirió también la existencia de una agresividad "libre", no sexual. Mas no fue sino más tarde, ya en Londres, después de huir de los nazis, cuando señaló el momento de rabia y de autodestrucción en el berrinche del niño. Antes no había hecho referencias directas a la agresión, no las había mencionado de manera explícita.

En la actualidad, es cada vez más frecuente el tema del maltrato, que como fenómeno social de las grandes ciudades se manifiesta en diversas partes del mundo y en todos los ámbitos de la sociedad, como la pareja, la familia, el trabajo y en la escuela, como maltrato escolar. El maltrato es una de las manifestaciones de la pulsión agresiva, no respeta estratos sociales ni religiosos, aunque es más común encontrarlo en familias desintegradas, de bajos recursos, escasa educación y ausencia de principios éticos y morales, sectores en los que existe una psicopatología de los valores.

El maltrato puede definirse como un derivado de la agresión que produce perjuicios físicos, psicológicos, sociales y sexuales de cualquier índole, llevados a cabo reiteradamente y que causan un daño físico o psicológico que vulnera la libertad de la persona (González-Núñez, Nahoul y Zuvire, 2005).

La agresividad es una capacidad innata de las personas, tiene un componente biológico hereditario que mueve al sujeto a actuar de manera agresiva para su propia supervivencia y para la realización de sus objetivos personales.

Además, la violencia es la utilización de la fuerza para alcanzar un objetivo, es una coacción que se hace sobre otro a través de la intimidación o algún tipo de presión psicológica (Ander-Egg, 1982). Implica la intencionalidad de dañar a alguien más.

El mundo actual está plagado de agresión en sus muy diferentes formas, como las que se acaban de mencionar, pero hay otras tan sutiles o tan obvias como el secuestro en sus diversas formas, la estafa, el robo hormiga y las intermitencias en la responsabilidad y puntualidad laboral, intermitencias en el amor y en la sexualidad con la pareja libremente comprometida, así como intermitencias en la responsabilidad económica hacia la familia, entre otras.

Los sueños son un medio idóneo para expresar la agresión, ya sea porque permiten la satisfacción de una frustración que causaría una agresión o porque expresan la agresión tenida hacia alguien a través de medios simbólicos aceptables para el sujeto, ya que no causan daño real a nadie. Asimismo, los sueños son catárticos de los afectos agresivos, ya sea en forma directa o indirecta, así como en la vida diurna. La autocrítica a través de la censura y el olvido son filtros que defienden al *Self* (Sí Mismo) para que no se angustie más de lo necesario ante la salida inconsciente de la agresión. Por eso soñar y expresar la agresión y la violencia a través de los sueños equilibra la economía mental; a través de las manifestaciones del conflicto, este se resuelve y, si no se resuelve, al menos se hace menos angustiante y más soportable. Además, enseñan a la persona a darse cuenta, cuando hace caso de sus sueños, de que su funcionamiento agresivo puede exacerbarse si no se controla, tanto la agresión contra sí misma como la agresión hacia una persona en particular o el medio en general.

La sublimación de los afectos y de la agresión en los sueños

En el mecanismo de la sublimación una pulsión abandona su objetivo original pues, de acuerdo con el principio de realidad, la satisfacción de la pulsión original (sexual o agresiva) no sería aceptada por el Superyó y castigaría al Yo, por lo que se busca otra salida a través del Yo que concilie las exigencias del Superyó (principio del deber) y del principio de realidad, de modo que la salida sea socialmente aceptada. Para lograr la sublimación de la pulsión, esta se desexualiza o desagresiviza, es decir, se cambia el objeto de descarga y el fin pulsional por uno altruista.

La pulsión que se sublima puede tener un origen sexual o agresivo. Para que pueda decirse que una pulsión se sublima a través de una actividad productiva, como el arte (pintura, escultura, etc.), o mediante un trabajo, cualquiera que sea, es necesario que la persona se sienta complacida con lo que hace, es decir, que sienta placer, que disfrute lo que hace, para que cuando no lo realice pueda también gozar del reposo, para reanudar posteriormente la actividad. Si la persona trabaja y emplea su energía psíquica en hacer un buen trabajo, pero no disfruta al hacerlo y lo realiza solo como una rutina obligatoria, no puede hablarse de sublimación.

Las características de la sublimación (Fenichel, 1973) son: una inhibición del fin, una desexualización o desagresivización, una completa absorción de la pulsión por sus secuelas y una alteración positiva en el Yo.

La sublimación se considera como una defensa exitosa, no patógena, en la que la pulsión originaria desaparece porque, a diferencia de las otras defensas, la pulsión o el conflicto se descargan. Esta descarga real de energía es lo que hace que el individuo pueda sentir satisfacción, que no se canse física ni emocionalmente al realizar sus actividades, que no se aburra con facilidad, que su conducta sea natural y fluida y no se sienta forzado. Hay otros casos, por ejemplo, las personas que trabajan y se cansan mucho de una manera no proporcional a lo que hacen, en estos casos decimos que la conducta es pseudosublimatoria.

La pulsión es como un río que lleva un fuerte caudal de agua, que puede ser destructivo para poblaciones y cosechas; la sublimación es como una presa en la cual se instalan turbinas que logran que la energía destructiva del río se controle y se transforme en agua de riego, electricidad, etc. Los sueños pueden ser esa gran turbina que usa la catexia (energía) libidinal, agresiva, escópica (placer de ver y ser visto) e invocante (placer de escuchar y ser escuchado) y la neutraliza para transformarla y esos contenidos inhibidos pero activos se convierten en energía útil para la salud mental y física, lo cual es beneficioso para las metas y relaciones interpersonales satisfactorias de cada individuo. Sí es posible sublimar a través de los sueños y si la persona tiene intención de soñar algo específico que le permita reparar o transformar la energía afectiva en emociones saludables, es más eficaz.

La ternura en los sueños

La libido es la energía pulsional que acerca y que, como una cuerda invisible, amarra a las personas. La agresión, en un principio no elaborada y no transformada, aleja a las personas. La libido, que ata a las personas y las mantiene unidas a sus seres queridos, en un principio, es pregenital, inmadura, funciona mediante el proceso primario, es infantil, es amorosa, es tierna, es sexual. A Sigmund Freud lo expulsaron de la academia de medicina por decir que existía una sexualidad infantil y lo que ocurrió fue que no aclaró suficientemente que la sexualidad infantil no debe verse como adulta, porque no es una sexualidad adulta, no se siente como la siente un adulto. La sexualidad infantil es pregenital, es pasiva, todavía no tiene una meta reproductiva, puede ser intensa pero es tierna, podríamos decir que hace placentera la vida difícil del niño, lo motiva e impulsa a vivir.

La ternura es un sentimiento derivado de la libido (González-Núñez, 1989, 1990) y tiene su origen en la pulsión libidinal, así como en el fuerte contacto materno. La ternura masculina implica sentir la diferencia entre lo femenino y lo masculino, lo cual se hace a través del contacto con el cuerpo y con la ternura que ese contacto visual, auditivo y olfativo permite con otro cuerpo. La ternura, en ese contexto profundo, transmite la aceptación y el amor por el otro. Las manifestaciones no verbales hechas por la madre, como los arru- llos, los gestos, la calidez que proporciona al cuerpo del bebé y cualquier otra conducta que esté en su repertorio, contribuyen a la sensación de ternura que se puede manifestar en los sueños. Ser hombre es sentir en la mujer lo que es femenino y que haga resonancia con las partes internalizadas femeninas del hombre a través de los símbolos oníricos. Los varones tienen que permitirse la ternura, aunque sea interpretada como femenina sin ser exclusiva de la mujer, vivirla, lo que implica sentirla y cultivarla para que dé frutos en futuras gene- raciones, tanto en hombres como en mujeres. Cuando el hombre acepta, sien- te y expresa su ternura, ya no es femenina, aunque ese sea su origen, cuando lo hace, la ternura ya es masculina y así la transmitirá a futuras generaciones.

Elías (1987) señaló que la ternura es un afecto, un derivado de la pulsión sexual, y al derivarse de una pulsión puede adquirir otras características, pue- de independizarse —mediante la neutralización de la energía pulsional—, de toda descarga de tipo sexual y usarse para otros fines. Como afecto que es, la ternura sigue el mismo camino de todos los demás afectos y puede tener su destino final en la elaboración de la agresión. La ternura es también el ejercicio de algún tipo de amor entrañable, ya que no toda expresión amorosa necesa- riamente va acompañada de ternura.

La ternura contiene cierta calidad del afecto, es la emoción clara frente a un ser presente evocado a través de los sueños que se deja amar porque no pone obstáculos a nuestro único deseo de amar. El origen de la ternura se sitúa en una relación simbiótica, cálida, afectuosa y recíproca con la madre, pero también en la relación afectuosa y recíproca con el padre. De la calidad de esas relaciones depende que cada persona pueda expresar o no ternura a su pareja, hijos, hermanos, amigos. El sentimiento de ternura es una preocupación del sujeto por su objeto de amor, así, la ternura expresa amor al otro, y siente el amor del otro; es el resultado sublimatorio, traslaborado de las formaciones reactivas de las agresiones. Esta sensación de ternura permite al sujeto elaborar sueños con mayor seguridad y libertad para soñar.

Los afectos (Kernberg, 1995) pueden sucumbir a mecanismos como la represión o transformación en lo contrario; pueden intelectualizarse, negarse, etc., y el sueño ayuda a realizar este proceso que busca apaciguar la angus- tia que pueden ocasionar si entran en conflicto. Imaginemos el caso de una persona que por alguna razón inconsciente le resultara intolerable y hasta conflictivo expresar la ternura, porque se avergonzaría. Para sortear ese aspecto conflictivo o esa intolerancia, esta persona se valdrá de algún mecanismo defensivo, por ejemplo, la intelectualización, de tal manera que haría aparecer en el lugar de la ternura una idea recientemente aprendida que lo tranquilizara y así calmará su vergüenza. Ocurre también lo contrario, muchas veces la ternura es la resultante de la transformación de un afecto opuesto: para no sentir ira hacia los objetos, el Yo transformó esa ira en ternura. Pero este tipo de ternura tiene un riesgo, pues tiende constantemente a ser el afecto original que era; una vez que la transformación en lo contrario falla como mecanismo de defensa, se convierte en ese afecto negativo.

Otro grupo de mecanismos de defensa, como la racionalización, el aislamiento y la anulación tienen en común que cuando operan dejan el afecto de lado, como si fuera inexistente.

En la racionalización, por ejemplo, en vez del afecto esperable no encontramos más que un proceso de pensamiento racional que ocupa el lugar de ese afecto; en el caso de la anulación, en lugar del afecto hay una conducta dirigida a impedir ese afecto. Sabemos que la represión opera como un mecanismo de contracarga contra las pulsiones, pero también lo hace con los afectos; si la ternura sucumbe a la represión, la persona que reprime no solo no expresará ternura, sino que no encontrará un motivo consciente para expresarla. En el caso del desplazamiento se expresa un afecto que se deposita en otro objeto y no en el objeto que lo inspira. Un fenómeno más que observamos en la ternura es la ambivalencia, que es la coexistencia simultánea de dos afectos opuestos: ternura y desamor. La ambivalencia imprime una característica muy peculiar a la ternura, pues su mezcla con un afecto opuesto determinará el tipo de manifestación tierna que se elija expresar o no expresar.

Anna Freud (1974) define la ternura como el proceso que conduce a su formación, desde la absoluta dependencia del recién nacido, los primeros cuidados de la madre, hasta la autosuficiencia madura material y emocional del adulto joven. La ternura existe en la fase de simbiosis (Mahler, Pine y Bergman, 1977) y se constituye por aquellos cuidados que la madre prodigue al hijo: la calidez que acompaña sus cuidados y el arrullo delicado provocan en el hijo respuestas emocionales hacia ella, sin que estas sean necesariamente tiernas. Quizá tan solo se trate de respuestas viscerales del niño ante las atenciones de la madre, que fácilmente se convierten en ternura.

Anna Freud (1974) describe también la fase llamada "constancia objetal" como aquella que permite el mantenimiento de una imagen interna y positiva del objeto, independientemente de la satisfacción o no de las pulsiones. Este es el momento en que la ternura, como un afecto definido así o como la ternura propiamente, hace su aparición en el bebé en relación con su madre, pues antes de este punto la ternura era aportada exclusivamente por la madre. Desde ahora, el mantenimiento de la imagen interna positiva de la madre asegurará la existencia de tal afecto en el niño: la ternura existirá independientemente de si la madre satisface o no las necesidades, y es precisamente tal independencia respecto a esta presencia o ausencia de satisfacción la que permite la persistencia de una imagen de madre buena y hace posible que el bebé la recubra de ternura y responda, a su vez, a la ternura que recibe.

De este modo, la ternura existe y puede expresarse libremente en los sueños para dar fortaleza y contribuir al buen autoconcepto de la persona después de haberlo sentido en el sueño. La ternura puede abandonar la trampa en que se encuentra y salir airosa de ella igualmente para dar satisfacción; por ejemplo, una persona que siente mucha ternura por su padre, pero que por comentarios negativos de la madre se ve impedida a expresarla, puede hacerlo durante el sueño. También los sueños pueden ser un lugar de práctica, por así decirlo, de la ternura. Por ejemplo, una mujer que había perdido a su padre años atrás y que, con motivo de la celebración del Día del Padre, soñó que se encontraba con él, lo saludaba y hablaban afectuosamente. Durante la conversación, ella se sentía realizada por todo el cariño y ternura que ella le expresaba. Lo soñó para felicitarlo el Día del Padre y expresarle desde muy adentro toda la ternura y gratitud que primero había sentido de parte de él hacia ella y que ahora, en sueños, ella le devolvía, tal vez con más intensidad. El sueño terminó con una despedida sonriente y muy cálida y ella se despertó sintiéndolo como un sueño lúcido, muy vívidamente.

Los sueños y los resentimientos personales

Los seres humanos de todos los tiempos han manifestado sus resentimientos ocultos al expresarlos durante el proceso de sus sueños. La abundancia de los contenidos inconscientes, y por inconscientes vividos como representaciones fantasmagóricas, permite que las alucinaciones propias de todo sueño puedan, mediante diferencias espaciales, ya sea arriba y abajo o con movimientos de ascenso y descenso, representar los deseos de superioridad que en realidad denotan situaciones de inferioridad de forma simbólica, así se presentan los sueños y los resentimientos personales ocultos que a veces ni el propio soñante reconoce en sí mismo.

El resentimiento es un afecto penoso contenido, lo siente la persona que se cree maltratada y por eso siente hostilidad y odio hacia los autores del supuesto maltrato. El resentimiento personal, la sensación dolorosa de que el otro no lo valora, la idea de que ha sido tratado injustamente; el resentimiento de que fue relegado por un ser querido de manera arbitraria y también por parte de la sociedad, son los principales elementos que sientan las bases de los contenidos de los sueños de estas personas resentidas.

Lo cierto es que el sujeto soñante no suele darse cuenta de todos los resentimientos que abriga en su mente y que surgen en el material latente de sus sueños. Rara vez sucede, a menos que esté en psicoterapia psicoanalítica e intervenga su analista. En todos estos sueños aparecen en escena la venganza, la violencia expiatoria y el odio en mil formas, desde las más sutiles hasta las más grotescas. En este contexto, es oportuno retomar el siguiente episodio de la *Odisea*, que aquí se presenta:

Ulises vuelve de la guerra de Troya y se dirige al palacio principesco que ocupa en la isla de Ítaca, donde había vivido con Penélope hasta antes de su partida, unos diez años atrás. Para enterarse de los cambios habidos en su casa, sin ser descubierto por su mujer y sus sirvientes, se disfraza de mendigo. Sin ser reconocido, se cuela en su propia casa y se presenta ante su mujer, Penélope, quien le ofrece hospedaje. Aquella noche, Penélope tiene un sueño. Un sueño genial, premonición magistral de lo que va a ocurrir en su propia casa, por obra de Ulises. Sueña que un águila enorme se precipita sobre una manada de gansos (nótese la diferencia de rango animal entre el águila, ave noble y rapaz, y los gansos, aves de baja condición y comestibles, además). El águila picotea a los gansos en el cuello y la cabeza, les destroza las carnes, cubre sus plumas de sangre. Como inútiles muñecas de trapo va dejando tras de sí los cadáveres lastimosos de los gansos, uno tras otro. Después de esta breve y vigorosa descripción del sueño, se puede pensar que se prepara una escena de desenlace violento, propiciada por la situación. Ulises sabe en qué situación vive Penélope, ella misma, sin reconocer a Ulises, se lo cuenta creyendo que es un mendigo. Ella vive acosada por sus pretendientes que creen a Ulises muerto en la guerra y viven en el palacio, como parásitos holgazanes, devorando los bienes de Penélope, exigiéndole que se decida por uno de ellos y lo elija como esposo. Ella ha estado todo este tiempo "dándoles largas", prometiéndoles que se decidirá por uno de ellos cuando termine de tejer una tela, que teje de día y desteje por la noche mientras todos duermen, a fin de ganar tiempo hasta que regrese Ulises, pues su intuición femenina le dice que su esposo no ha muerto. El sueño de Penélope prepara, genialmente, al lector para el desenlace final del poema: Ulises, tras revelarse como quien es, en la prueba del arco que solo él puede tensar, golpea y degüella a todos los pretendientes, matándolos del mismo modo que el águila había matado a los gansos en el sueño.

El sueño de Penélope es premonitorio, sueña lo que va a pasar con sus pretendientes y, sin lugar a dudas, es también el sueño de una esposa resentida. La situación de Ulises es también la del resentido, que se siente así ante la amenaza de verse desplazado y que, por eso, cobra su venganza. El poeta Homero le da forma al resentimiento de Ulises en la premonición de Penélope expresada a través del sueño.

En este punto, se ve cómo entran en juego los elementos típicos del sueño, cuyo motor central es la tensión emocional del relegado y por eso resentido: las aves. Es sabido que su elemento es el aire y que suelen moverse en ascenso y descenso en él. Son la imagen perfecta y gráfica del resentimiento que busca satisfacción. Las imágenes visuales en el sueño (Mínguez, 1994) son de importancia capital.

En este sueño de una paciente en psicoterapia psicoanalítica (Pascalis, 2007) se observa también el resentimiento como motivación:

> Soñé que mi esposo estaba en una cámara de gas, así como sale en las películas. No sé cómo sean, pero yo estaba a un lado y lo veía pasar y pensé que si estaba en la cámara de gas y se moría era porque aceptaba sus culpas. No sentía dolor porque pensaba que era a consecuencia de sus actos. Después sonaba el teléfono, era del banco, llamaban para cobrar y la mamá de mi esposo estaba ahí y les contestaba que no estaba. Entonces comenzaba a llorar como loca porque veía y sentía que era una ausencia física real, aunque pensaba que todo tenía que ver con sus propias consecuencias.

En este sueño se expresa el resentimiento en forma muy severa: la paciente desea la muerte de su esposo porque, en la realidad, no le da dinero para pagar.

Además, el esposo la hace quedar mal con su suegra, quien se entera de que su esposo no le da dinero, y ya en la sesión de psicoterapia psicoanalítica, en la que se cuenta este sueño, la paciente relata también que su mamá le presta dinero para pagar los gastos corrientes del hogar.

Otro ejemplo es el de un poeta poco conocido, mencionado por Mínguez (1994), que en su sueño veía planear libremente por los aires una hermosa águila y su visión lo llenaba de felicidad, belleza, confianza y de una íntima comodidad y agilidad. Pero, al poco rato, otra ave desconocida se precipitaba sobre el águila, la desplumaba y la mataba. La enorme águila caía descuartizada, con las plumas sanguinolentas, a los pies del observador.

Entonces el poeta experimentaba un fuerte descontento, una gran tristeza y un dolor intensos. Entre ambas sensaciones: felicidad y confianza, dolor y tristeza, ha habido una relación parecida a la del ascender dinámico y el descender desalentado del águila. Así se muestra la satisfacción del deseo: sintió felicidad, confianza y también dolor. Y trata de volver a visitar su resentimiento infantil de ser descuartizado por su padre o por su madre.

Otro sueño que ejemplifica este tema es el siguiente:

> La sala está iluminadísima, brillan los objetos sobre la mesa; porcelanas de colores vivos, botellas, jarras y jarrones. Se oye música. Las copas de champaña burbujean, se oyen risas de muchachas risueñas y burlonas, las copas tintinean al entrechocar entre sí, se derraman gotas sobre el blanquísimo mantel. Deslumbrado, ágilmente elevado por las emociones y la euforia, el poeta se siente transportado. Siente un fuerte apego por todo esto, lo compara con sus depresiones recientes y se ríe de ellas. Se eleva, se aísla, toma distancia. Fluctúa, fluye sobre todo y le parece posible estar en todas partes al mismo tiempo. [De esa vida, el poeta tomará elementos para sus poemas.] Se dirige a uno de los grupos. Va a brindar, a hablar, va a participar. Pero cuando se acerca, caminando como sobre nubes, sucede algo extraño e inesperado: la gente del grupo se vuelve a medias a mirarlo. Se dan con el codo entre sí, hablan en voz baja. De común acuerdo, todos coinciden en dejar al poeta de lado, en ignorarlo e incluso le dirigen miradas de desprecio. Con el corazón frío, bajando, bajando, el poeta se aparta del grupo. Le parece que los colores son ahora menos vivos que antes, que los detalles que ve fluctúan según sus movimientos afectivos, son menos puros, la luz menos brillante. El

poeta desciende, desciende… La vigilia lo acoge y lo devuelve a este feliz mundo suyo, en el que él reina de veras sobre todas las cosas.

No ha tenido tiempo de tomar consciencia de su propio resentimiento. Pero, de todos modos, le queda, en algún lado, una vaga amargura que el despertar no acaba de disipar. Y es que el poeta se siente relegado, incluso cuando lo acogen bien. Salvo cuando escribe, está profundamente separado del resto de los mortales. Su sueño ha sublimado en imágenes visuales los episodios de su relegamiento, que resiente y que es en parte involuntario, del que él mismo saca material poético. Todo es material poético en manos del poeta, incluso este sueño que delata sus amarguras íntimas, que muestra simples sensaciones a las que nunca dedicó el menor pensamiento en la vigilia.

En la vida cotidiana, soñar disminuye los resentimientos, porque el Yo en su función de compromiso, es decir, cuando trata de conciliar los deseos de venganza causados por el resentimiento, con el deseo de cumplir con las reglas morales y sociales que prohíben lastimar y odiar al prójimo, y conciliarlo con el cariño que también coexiste. El Yo, pues, permite la expresión del conflicto del resentimiento, pero de forma disfrazada. En psicoterapia psicoanalítica, además de comunicar el sueño, esto se interpreta y ayuda a quien lo soñó a transformar esos resentimientos en otros sentimientos positivos.

Los sueños como válvula de seguridad emotiva

En el sueño no se produce una lucha de pensamientos sino un duelo de afectos, es particularmente propicio para la expresión de sentimientos, porque al mismo tiempo que permite que los procesos sensoriales desarrollen una actividad aumentada, otorga una amplia libertad a las imágenes fundadas en las actividades sensoriales e inhibe de forma considerable la actividad motora.

Las emociones desplegadas en el sueño son sus elementos más reales, la emoción corresponde, en general, al contenido latente del sueño, pero no siempre al contenido manifiesto. La censura, de un modo más o menos desfigurado, ejerce influencia aun durante las fases emocionales del sueño y permite llegar al plano de la consciencia los aspectos inmorales y antisociales del sueño de forma disfrazada.

Al desarrollar los hechos del sueño, sufrimos el influjo de varias fuerzas psíquicas contradictorias (catexia y contracatexia) que se deforman y de alguna manera se anulan mutuamente. En algunos sueños se diría que las emociones faltan completamente, pero en realidad son una válvula de seguridad y equilibrio emotivo.

Cuando los sueños anticipan y atenúan el golpe de las fuerzas que chocan, estas también desempeñan el papel de válvulas de seguridad emocional. Las emociones descargadas en el curso del sueño son reales, y no se distinguen de las que experimentamos en estado de vigilia. La persona que ha soñado varias veces, o por lo menos en una ocasión, con una tragedia que luego ocurre realmente, disminuye la intensidad de su reacción emocional frente a la tragedia prevista. Se trata de una función importante del sueño: la economía de los afectos y sentimientos que se combinan con los pensamientos y los actos. Pero a veces esta influencia del sueño sobre nuestra vida real provoca sentimientos de culpa. Por ejemplo, el soñador que asiste en el sueño a la muerte de una persona amada puede culparse por haber tenido un sueño de esta clase y por no haber experimentado en la ocasión precisa un dolor suficientemente intenso.

En su condición de válvulas de escape emocionales, los sueños también permiten expresar las pulsiones y deseos y, aun los que están prohibidos desde el punto de vista moral y social, no implican responsabilidad ante la conciencia o la sociedad. En el sueño se puede eliminar a los competidores y escalar las más altas cumbres del éxito y atacar al mejor amigo en forma simbólica.

Debemos contemplar la posibilidad de que en el sueño se produzca una deformación de los afectos; es decir, la posibilidad de que aparezca cierta hipocresía inconsciente del soñador. Por ejemplo, si una mujer frígida sueña con un orgasmo obtenido con el esposo, significa que el esposo del sueño representa a otra persona con quien ella desea tener relaciones sexuales. Así, la reacción de la paciente al desplazar, refleja su íntima decepción antes que su satisfacción sexual.

Cuando el paciente considera ridículo o chistoso lo que sucede en un sueño podemos suponer que en el sueño se ha reflejado un conflicto importante. El paciente intenta subestimar su trágico conflicto burlándose de él. En realidad, los conflictos rara vez ofrecen aspectos risibles. Pero ese aspecto burlón del sueño permite que el sujeto se tranquilice durante el sueño.

La neurosis en el sueño

Los neuróticos son personas que reviven constantemente en sueños su propio pasado, en parte porque desean revivir y mantener los antiguos placeres de la infancia. Los argumentos de los sueños casi siempre se desplazan a los sitios donde el paciente pasó su infancia, las personas que él conoció en sus primeros años son los actores de sus sueños, la ciudad natal, la escuela, el primer trabajo, aparecen en los sueños como expresión del infantilismo del paciente y de su deseo de revivir el pasado. Este tipo de sueños puede ser importante debido a que muchas neurosis se originan en antiguos traumas psíquicos; es decir, en experiencias que durante los primeros años de vida perturbaron al paciente.

La neurosis se entiende como un trastorno de índole emocional que se caracteriza por un alto grado de angustia y un predominio de las fantasías y tendencias del mundo interno, que pueden posarse en el mundo externo. El neurótico se caracteriza por tener mal carácter, preocupaciones, agresividad, intolerancia y mal humor.

En el sueño la neurosis aparece: *a*) en la forma de imágenes de personas, *b*) en la forma de imágenes de animales, *c*) a través de la imagen de Cristo o de los santos como símbolos del sufrimiento, *d*) con síntomas distintos de su contenido onírico. Muy a menudo, las imágenes de la neurosis son edificios, iglesias, antiguas construcciones, toda clase de estructuras, fábricas, gimnasios, terrenos cercados, caminos intransitables, animales monstruosos que pueden representar el deseo y el temor del soñante.

Con frecuencia el paciente se ve a sí mismo en tortuosas situaciones defensivas y crea, fantasmagóricamente, situaciones simbólicas que dan soluciones mágicas a sus problemas en el sueño. Por ejemplo, sueños en que un niño se defiende de un adulto o un animal pequeño se defiende de otro mayor.

Los sueños que preceden y que siguen a las reacciones neuróticas, como los estados de ansiedad, los ataques de pánico, los estados depresivos, entre otros, son responsables de la aparición de estos síntomas y se revelan en dichos sueños. A veces los sueños son la causa de los síntomas, presentados por el paciente al día siguiente de la noche del sueño.

Capítulo 10. El perdón a través del sueño

El perdón

El diccionario Universal Webster define el perdón como la acción de detener sentimientos de ira en contra de alguien por agravios cometidos; es dejar sin castigo o levantar el castigo.

En términos filosóficos (Barbosa, 2003) se define el perdón como una palabra llena de misterios. La usamos con tanta profusión que la consideramos familiar; es un utensilio muy útil que sirve, a diario, no solo en la comunicación sino también para calmar o equilibrar estados de ánimo, sobre todo agresivos. Si se busca encontrar el nacimiento del término la tarea se dificulta, pues si rastreamos sus orígenes chocamos con significados que oscilan entre la alabanza, la ayuda o el favor. Pero las oscilaciones son propias de cualquier término. Su significado latino nos ha llegado como un medio para borrar agravios y angustias, un medio para saldar una deuda afectiva favorablemente.

El perdón es la supresión del resentimiento; el dilema del perdón es una constante en la mente del ser humano. Si el perdón es merecido, entonces no hay perdón, sino justicia. Y si no es merecido, entonces lo que tenemos es injusticia.

Perdonar implica una transformación motivacional que induce a la persona a inhibir respuestas destructivas en sus relaciones con los demás y convertirlas en constructivas con respecto de quienes han sido destructivos. Con justa razón podrá decirse que el perdón hacia el otro surge precisamente de la fantasía de saber que alguna vez uno mismo será quien necesite ser perdonado.

Se dice que el que perdona se coloca por encima del otro, pero no es así, el perdón se distingue de la clemencia porque esta opera de arriba hacia abajo, mientras que el perdón puede ser entre iguales o no. Lo cierto es que perdonar no significa volver a convivir con la persona perdonada, pero sí significa dejar el odio y el resentimiento a un lado y estar en paz.

El perdón es un acto propio de personas que han llegado a una auténtica madurez emocional y que tienen la capacidad de sobreponerse a las ofensas o al daño sufrido. Habrá personas que nunca perdonen y se instalen rígidamente en el resentimiento.

Si se considera el perdón como virtud, sabremos que no se trata de un acto o de un fenómeno aislado, sino de un logro conseguido como meta, que llega después de involucrarse y disponer de emociones y pensamientos que trabajan para obtener un beneficio emocional. Dicho beneficio es el que sana a aquel que perdona, que lo fortalece y le permite superarse, realizarse como persona y transformarse positivamente.

Si bien es cierto que el perdón se constituye como un proceso, es cierto también que no se presenta como un acto automático. De repente es un suceso, pero que llega como resultado de un proceso; a veces, incluso, los seres humanos somos, después de todo, artífices de nuestra propia visión de la vida, de nuestra propia capacidad, de nuestro propio perdón, ya sea intencionado o no, o que haya sido buscado para uno mismo y luego para los demás.

Sobre los sueños y el perdón

Como se sabe, Freud (1900/1981b) mostró que el sueño no solo deriva su formación de los procesos del día. A estos les corresponde el papel de analogías en ocasiones causales de gatillos o disparadores, que despiertan con plena violencia la fuerza pulsional de deseos, esperanzas y temores construidos desde el remoto pasado y concentrados después en la pesadilla. Lo propio cabe decir de las manifestaciones de transferencia. También estas derivan su dinamismo de la infancia. Los objetos actuales de la transferencia se convierten, gracias a correspondencias en gran parte causales en representantes de objetos significativos del pasado remoto. La transferencia expresa, a través del sueño, la cantidad de odio y la cantidad de perdón de que es capaz el paciente soñante en psicoterapia psicoanalítica.

Así como el sueño no es copia fiel de hechos reales, sino que modifica siempre la realidad, en mayor o menor grado, de acuerdo con los deseos o temores del soñante, así también los presuntos recuerdos reales tempranos, en los que las manifestaciones de transferencia se apoyan, se revelan como deseos y temores acuñados por las fantasías de la primera infancia (en buena parte agresivas). Estos presuntos recuerdos reales de la infancia corresponden en cierto modo al contexto manifiesto del sueño conformado por el proceso de la labor onírica; poseen, así, en el análisis, el valor de posición de deseos encubiertos; o sea, lo decisivo son las fantasías, nutridas de pulsiones y de su rechazo, que se ocultan tras ellos de modo que corresponderían a los pensamientos oníricos.

Desde el punto de vista psicoanalítico, el sueño tiene diversas funciones: si bien algunas ya se han mencionado, aquí se retoman, en particular aquellas que son de interés para este tema:

1. Con cada escena del sueño se intenta repetir y con cada repetición se intenta dar un paso nuevo sobre el dominio del conflicto hostil que se quiere resolver con la posibilidad de llegar a perdonar a aquel que ofendió al sujeto, de forma real o imaginaria.

2. La compulsión de repetir, si se está en el campo de lo psicopatológico, o la repetición sistemática, si se entra en el campo de lo "normal", está al servicio de la economía psíquica porque:

   a) Se ahorra energía psíquica, ya que lo soñado exige menor gasto de energía que un planteamiento del problema en la vida real. El perdón en el sueño es inconsciente.
   b) El sueño favorece la elaboración de tensiones conflictivas mediante dosificaciones fraccionadas hasta poder llegar al perdón.
   c) El sueño empuja al soñante a volver a llevar sus aspiraciones no satisfechas en el pasado y sus intentos infructuosos por satisfacerlos a otros objetos y situaciones que se antojan apropiados, con la esperanza de llegar esta vez a una solución satisfactoria que permita elaborar los agravios y ser capaz de perdonar.

3. Queda así planteada la idea de que los sueños son una satisfacción de deseos pulsionales, tanto agresivos como libidinales, y reprimidos que pueden hallar una salida hacia el logro del perdón.

4. Durante el sueño se intentan elaborar traumas infantiles del ayer y también los actuales hasta llegar al perdón. Desde el punto de vista psicoanalítico

prácticamente no existe el proceso del perdón como fue definido antes, ya que:

a) Se parte del supuesto de que tanto la libido como la agresión, es decir, las pulsiones, buscan una descarga (Gill y Rapaport, 1962) —punto de vista económico de la metapsicología— y buscan objetos en los cuales encontrar satisfacción a sus necesidades o motivaciones —punto de vista de las relaciones con los objetos; punto de vista dinámico de la metapsicología.

b) Así, el proceso del perdón se plantearía sobre: i) la fantasía agresiva, ii) la ideación agresiva, iii) el sentimiento agresivo y iv) la agresión real. Y a menos que la descarga se haga de manera agresiva sobre el objeto, no es agresión. Si el sujeto encuentra gratificación a sus motivaciones o necesidades no tiene por qué existir el perdón.

c) Desde el punto de vista estructural del aparato psíquico, i) existe un Yo que es el que controla la expresión de las pulsiones, los afectos y la conducta, que se rige por el principio de realidad, ii) un Superyó que se rige por el principio del deber y que se forma a través de la identificación con los padres, en especial con el padre, y las normas sociales y culturales existentes. Si este Superyó se basa en el deber ser, el perdón será ejercido por él en acuerdo con el Yo, que es el que lo actúa. En este sentido sí cabe el concepto de perdón, porque el Superyó es el guardián del deber ser, perdona, pero también castiga. Y diríamos que perdona junto con el Yo, iii) el Ello, que se rige por lo reprimido; o sea que todos los seres humanos nacemos con el pecado original —según la Biblia, las pulsiones, en especial la agresiva, que tiende a su expresión y a la ambivalencia que siempre contiene un elemento hostil hacia el objeto del cual se depende, es el pecado original—. En ese sentido sí existe un pecado original pero no es libidinal, sino agresivo y es el que se tiene que perdonar, porque la expresión de la libido es amor, lo que es necesario perdonar es la agresión más que nada fantaseada y el odio.

5. Desde el psicoanálisis y en psicoterapia tendríamos que pensar que el psicoanalista ha de establecer una alianza con el Yo y también una alianza con el Superyó, para que la descarga y la búsqueda de objetos sea yoica; esto es, con un objeto adecuado, en un lugar adecuado, en el momento propicio,

bajo el principio de la demora. Si el psicoterapeuta desata ese nudo, podría decirse que se ha perdonado al sujeto de la maldad, que no es otra cosa que no tener por qué expresar la agresión. Si creemos en la maldad como tal y no nada más contenida en las pulsiones y actuaciones descontroladas de los objetos, la maldad existe cuando el Yo hace suya la energía que pone al servicio del Ello, o sea, de la pulsión como destructiva y siniestra y esto lo incapacita para perdonar.

El perdón existe cuando el psicoterapeuta permite la salida de la pulsión y la transforma en sublimación o en reparación del objeto agredido, dañado u odiado. Por eso en el sueño, sobre todo cuando existen sueños lúcidos —que son aquellos en los que el soñante tiene el control sobre el contenido de lo que sueña—, el soñante deja salir pequeñas partes de energía al servicio de solucionar un conflicto. Sobre todo cuando se ha agredido o destruido al objeto amado y se repara, ha existido el perdón tanto de sí mismo como del objeto, que ya en la realidad o en la fantasía cobró venganza o respondió a la agresión del sujeto. En este sentido se entiende el perdón, cuando la pulsión agresiva o la pulsión de muerte se hacen conscientes y caen sobre el dominio del Yo, entonces ya se puede hablar de perdón. Es importante considerar que el perdón en el sueño es inconsciente.

Hacer consciente lo inconsciente de la pulsión agresiva hacia sí mismo o hacia el objeto permite que pueda hablarse de perdón. Por supuesto, desde el punto de vista humano, es algo muy conmovedor para uno mismo y para los demás el hecho de que el Yo del sujeto tenga la sensación de descanso, ya sea por sublimación o por reparación o por transformación, por haber satisfecho la agresión sin agredir, la hostilidad sin hostilizar y poder amar, al resolver la ambivalencia de la agresión u odio y convertirla por transformación energética o de afecto en amor. Es entonces cuando se siente que se ama al otro y en ese otro es como si se amara a todo el mundo. Los sueños son una forma de sublimar, de reparar, de transformar la agresión en energía amorosa, sobre todo cuando se da en los sueños lúcidos. El amor siempre anda en busca de objetos transformacionales (González-Núñez, 2005), es decir, de personas que lo ayuden, mediante el amor, a ser diferente, a mejorar, a desarrollar todo su potencial humano.

Pero es también, como ya se dijo, a través de la clarificación y la interpretación que hace el psicoanalista en el análisis de los sueños como se puede transformar la energía agresiva en actos sublimes, o sea, de perdón. También existen técnicas no psicoanalíticas como la sugestión, la guía, la hipnosis y otras más, que se emplean en psicoterapia para ayudar al sujeto a perdonar.

Quien no perdona y permanece motivado por el odio se expone a una serie de trastornos, tales como descargas constantes de adrenalina, presión arterial alta, colitis, gastritis, úlceras, cefaleas, debilidad emocional o muscular, insomnio, depresión por culpa, pérdida de apetito, anorexia, bulimia y otros padecimientos. El odio subordina a nuestro organismo y hace que la producción de sustancias como adrenalina y ácido clorhídrico sea exagerada y produzca malestares físicos, por su parte los malestares mentales también producen la secreción exagerada de estas sustancias.

Definitivamente, quien odia y arremete con su odio, se predestina a encarcelarse por el odio y empieza a sufrir en su salud las consecuencias de odiar. De ahí la importancia de aprender a perdonar. El que aprende a soñar con el perdón podrá ejercerlo en su vida más adelante.

Ejemplo del perdón a través del sueño: caso clínico

Se presenta el sueño de una paciente en psicoterapia psicoanalítica con el autor. Se cuenta con su anuencia para reportarlo. Ella tiene 49 años de edad, está divorciada por segunda vez y tiene cuatro hijos, tres varones y una mujer. Dos de los hijos varones viven con su padre, con ella viven el otro varón y la mujer. Logró ocupar un puesto muy importante en la empresa donde labora, en un comité para la gobernabilidad y, en cuanto inició su gestión, se enamoró de uno de los miembros del comité. Ella considera que esta persona tuvo que ver en su segundo divorcio. Y llegó a una de sus sesiones diciéndole al analista:

> Soñé, por primera vez, que yo era prostituta. Un hombre llegó en un auto con otros dos, yo los veía platicando con el chofer y el del carro les hacía una seña de dinero, en un principio no le hicieron caso, pero luego de mucho insistir uno se acercó y hablaron, regresó al coche y les dijo a sus compañeros que eran diez mil pesos por los tres, bueno, eso entendí, y de pronto entendí que ya no era espectadora en el sueño sino la protagonista. De pronto me daba cuenta de que el que se había acercado al coche me había convencido y los había convencido que esa cantidad era por una hora. Y me dieron ganas en el sueño de que pidiera

más para mí, que me tocaran por lo menos siete mil pesos. Al despertar, me dio vergüenza el papel que representé en el sueño, me sentí prostituta y me imaginé con peluca china, 'güera elote', vulgar, de mal gusto. Y entonces me di cuenta. Me dio vergüenza haberme involucrado con aquel integrante del comité de mi empresa y sentí que por prostituta había perdido mi segundo matrimonio. Pero me sentí aliviada, perdonada de mis pecados (pulsiones) por no haber sido fiel a mis principios y haber sucumbido a algo que mi mamá, desde niña, me había advertido que tuviera cuidado. Pero no sé por qué me sentí perdonada, porque sentí que usted no me iba a enjuiciar. Y sentí que mis hijos que viven con su papá pronto iban a regresar conmigo, ellos también me habían perdonado aunque no vivieran conmigo.

Como puede verse en este sueño, el Superyó, representado por la madre en el sueño, y por el psicoterapeuta (padre) en la psicoterapia, le perdonaron su infidelidad. En sentido psicoanalítico, podría decirse que se había dado la aceptación, la sublimación y la reparación de su esposo, su madre y sus hijos. La paciente deseaba regresar entonces con su segundo esposo con quien no habían quedado mal las cosas y sus hijos se mostraban más cercanos a ella después del sueño y más afectuosos. Así se conjuntaron el hacer consciente, lo inconsciente, el fortalecemiento del Yo y la flexibilización del Superyó. En términos manifiestos se dio el perdón a través del sueño. Ya que el sueño le permitió hacer consciente la opinión de la madre, del esposo y de sus hijos.

Glosario de símbolos oníricos

Hay que tomar en cuenta que los símbolos más comunes que a continuación se presentan pueden servir de guía o de punto de partida para la interpretación del sueño cuando no haya asociaciones del soñante después de relatar su sueño. Los significados de dichos símbolos son generales; sin embargo, es importante considerar la historia personal y cultural del soñante, así como la teoría general del psicoanálisis. No se puede hacer la interpretación de un sueño mediante la traducción directa del símbolo, pero este abre una puerta para iniciar una interpretación posible. Además, su interpretación puede ser el punto de partida para que el propio soñante empiece a realizar asociaciones sobre los contenidos de su sueño. La mayoría de los símbolos aquí presentados (no todos) fueron mencionados por Freud (1900/1981b).

Cuadro 1.
Los símbolos más comunes y sus significados

Símbolo	Significado
Aeroplano que echa a un paracaidista	Parto
Aguja	Órgano genital masculino
Ave volando	Erección
Armas	Pene, agresión

Símbolo	Significado
Armarios	Genitales femeninos
Azotea	Cabeza, pensamientos
Baile	Excitación genital
Balcón	Vulva
Baúl	Órgano genital femenino
Biblioteca	Conocimientos adquiridos en libros
Blanco	Semen
Blancura	Virginidad, pureza
Boca	Orificio genital femenino
Boca que sangra	Menstruación
Bolsos	Genitales femeninos
Botiquín del baño	Tentativa de arreglo
Cabalgar un caballo	Excitación
Caballo que se levanta	Pene y erección
Cactus	Pene
Caer	Entrega a una tentación sexual, a un acto sexual
Caída de dientes	Castración, pérdidas
Caja	Sexo femenino
Calvicie	Castración
Capuchas	Condón

Símbolo	Significado
Casa sucia	Desvalorización moral del acto genital
Casa	El propio cuerpo
Casarse	Tener relaciones íntimas
Castigar a un niño	Masturbación
Cerrar y abrir paraguas	Erección y coito
Cofre	Genitales femeninos
Color granate	Menstruación
Comer	Acto sexual, coito
Comunismo	Vida en común
Corbata	Pene
Corredor largo	Órgano genital femenino
Cortarse el cabello	Castración
Cucharita de café	Símbolo fálico
Cuchillo	Pene
Derramar líquido (leche, agua)	Eyaculación
Decapitación	Castración
Derrumbamiento (paredes, casas, cosas)	Derrumbamiento emocional
Embarcarse	Decidirse al acto genital
Emperador	Padre

Símbolo	Significado
Emperatriz	Madre
Encaje	Cohabitar
Encontrar y usar puerta de salida	Orgasmo (salida de la pulsión)
Escalera	Actividad genital
Espejo roto	Himen o desfloración
Espada	Pene
Espinas	Circunstancias dolorosas en la vida genital, sufrimiento de la vida
Estar en un pozo o con tierra apisonada	Ideas de muerte
Estuche	Útero
Estufa	Útero
Expresar alegría, euforia	Excitación sexual
Fachadas de casas por las que se descuelga el sujeto	Corresponden a cuerpos humanos de pie y reproducen el recuerdo del niño que trepa por las piernas de los padres
Falta de dinero	Poca potencia sexual
Farol	Pene
Flechas rotas	Falta de erección
Flor	Vagina
Franela	Caricia
Frase: Registrar o hacer algo legal	Permitir actividad sexual, matrimonio

Símbolo	Significado
Fuego	Excitación sexual
Gallo con la cabeza bien levantada	Erección genital
Gato	Miembro viril
Habitación dividida en dos	Relación con la sexualidad infantil
Hallarse dividido por insectos	Embarazo
Helado	Frigidez en el coito
Hermanas	Pechos de la soñante
Hombre con cuchillo en la mano que mete en un cuerpo humano	Coito prohibido, agresión, violación
Hombrecito	Pene
Isla	Órgano genital femenino
Jarra rota	Vagina desflorada
Lagartijas	Miembro viril
Lima de uñas	Órgano genital masculino
Llegada de la primavera	Deseo sexual, excitación sexual, ilusiones
Lluvia	Eyaculación, orina
Lugar hermoso	Encanto de la satisfacción oral digestiva

Símbolo	Significado
Maestros, figuras dotadas de autoridad	Padres
Maquinaria	Miembro viril, trabajo
Montañas	Pechos
Nabos o zanahorias	Símbolos fálicos
Nariz, narigudo	Pene
Número tres	Genitales masculinos
Números	Es importante tomarlos en cuenta, ya que pueden ser datos, fechas importantes, número de hermanos o número de días para que se cumpla un plazo importante
Objetos alargados, ejemplo: cigarrillos	Símbolos fálicos
Objetos alargados doblados	Impotencia masculina
Objetos arrumbados	Falta de actividad sexual
Obstáculos para cumplir metas	Obstáculos para llegar al coito (el príncipe debe luchar y vencer obstáculos antes de poder "penetrar en el castillo de la princesa")
Oídos	Orificio genital femenino
Ojos redondos	Testículos
Paisajes que muestran montañas o puentes cubiertos de bosque	Pueden ser reconocidos como descripciones de los órganos genitales
Pájaro	Pene
Pan con la parte superior cortada	Circuncisión

Símbolo	Significado
Pantalla o fondo blanco	Percepción del pecho de la madre acercándose mientras la persona era amamantada
Pañuelo	Himen
Paraguas	Órgano genital masculino y protección
Pérdida de uno o varios dientes	Placer onanista, también puede representar castración
Persona dotada de autoridad	Padres
Picar	Acto sexual
Piernas paralizadas	Impotencia del miembro genital, falta de voluntad
Poner a hervir algo, subir un elevador	Promover excitación sexual; cumplir metas
Ponerse el vestido de boda	Coito
Psicoanalista	Padre o madre
Puerta	Órgano genital femenino
Que se vaya el tren	Se va alguna posibilidad de vida
Quitar pistola	Castración
Ratón	Miembro viril
Recipientes	Útero
Regar	Coito, eyaculación
Reina	Madre

Símbolo	Significado
Reloj, tic tac	Órgano sexual, latidos de la excitación sexual, control del tiempo
Relación con el agua	Parto
Remolino	Situación económica difícil
Rey	Padre
Risa	Ridiculizar
Rosas rojas	Menstruación
Rupturas o romper	Desfloración
Sentirse electrizada	Excitación genital
Serpiente	Órgano genital masculino
Sombrero con pluma enorme	Pene (el tamaño de la pluma indica la erección)
Sueños a color	Contenidos excrementicos anales o menstruales
Tigres y leones	Temores
Tronco de árbol	Órgano genital masculino
Tsunami	Relación con la madre; recuerdo de angustia por una sensación de asfixia cuando la madre lo amamantó, ya sea porque el pecho (enorme visto desde los ojos del bebé) se acercó y cubrió la boca y fosas nasales o el atragantamiento por cantidad de leche
Untar	Masturbación, renuncia al coito
Uvas	Genitales masculinos

Símbolo	Significado
Vendas	Acto genital sadomasoquista; curación, contención
Vías del tren	Existe temor a partir, se va alguna posibilidad
Vómito	Eyaculación; rechazo al objeto
Zapatos	Símbolo genital; protegerse

Bibliografía

Ajuriaguerra, J. (2001). *Manual de psiquiatría infantil.* Barcelona: Masson Editorial.

Alish (2010). *El poder de la mente.* Recuperado el 27 de abril de 2010 de: https://timefortruth.es/2010/04/27/elpoder-de-la-mente/

Ander-Egg, E. (1982). *Diccionario de trabajo social.* Barcelona: Editorial El Ateneo.

Anguiano, A. (1981). *Lo que usted desea saber de los sueños.* México: Centro de Investigación y Estudio de los Sueños.

Barbosa, I. (2003). *El valor del perdón.* México: Selector.

Becker, R. (1973). *Las maquinaciones de la noche.* Barcelona: Herder Editorial.

Bowlby, J. (1993). *La separación afectiva.* Barcelona: Paidós.

Brailowsky, S. (1999). "El sueño en los primeros dos años de vida", *Ciencia y desarrollo,* vol. XXV, núm. 144, pp. 11-17.

Brenner, C. (1983). *Elementos fundamentales de psicoanálisis.* Buenos Aires: Libros Básicos.

Breuer, J. y Freud, S. (1895/1981). *Estudios sobre la Histeria.* Madrid: Biblioteca Nueva.

D'Hervey, M.J.L. (1967). *Les Rêves et les moyens de les diriger.* París: Buenos Books International.

Delaney, G. (1995). *El mensaje de los sueños sexuales.* Barcelona: Ediciones Robinbook.

Dolto, F. (1997). *Sexualidad femenina. Libido, erotismo, frigidez.* Barcelona: Paidós.

Elías, A. (1987). "Motivación y psicoterapia". *Alêtheia,* núm. 8, pp. 73-78.

Erikson, E. (1973). *Los sueños de Sigmund Freud interpretados*. Buenos Aires: Hormé.

Fenichel, O. (1973). *Teoría psicoanalítica de las neurosis*. Buenos Aires: Paidós.

Freeman, E. (1976). *El análisis de los sueños*. Buenos Aires: Hormé.

Freud, A. (1974). *Normalidad y patología en la niñez*. Buenos Aires: Paidós.

Freud, S. (1972) *Lecciones introductorias al psicoanálisis*. Buenos Aires: Amorrortu.

———— (1917). *Mourning and Melancholia*. Londres: Hogarth Press.

———— (1923). *The Ego and the Id*. Londres: Hogarth Press.

———— (1940). *An Outline of Psychoanalysis*. Nueva York: W.W. Norton & Company.

———— (1900/1981b). *La interpretación de los sueños. Obras Completas Tomo II*. Madrid: Biblioteca Nueva.

———— (1981c). *Los dos principios del funcionamiento mental. Obras completas. Tomo I*. Madrid: Biblioteca Nueva.

Garma, A. (1970). *Nuevas aportaciones al psicoanálisis de los sueños*. Buenos Aires: Paidós.

———— (1977). *Psicoanálisis de los sueños*. Buenos Aires: Paidós.

Gill, M. y Rapaport, D. (1962). *Aportaciones a la teoría psicoanalítica*. México: Editorial Pax/Asociación Psicoanalítica Mexicana.

González-Núñez, J. (1989). "Función de los impulsos parciales en la sexualidad de la pareja". Conferencia en Secretaría de Relaciones Exteriores. México.

———— (1990). *Los afectos. Su expresión masculina*. México: Instituto de Investigación en Psicología Clínica y Social.

———— (2005). *Conflictos masculinos*. México: Plaza y Valdés.

———— (2013). *Interacción grupal y psicopatología*. México: Plaza y Valdés/ Instituto de Investigación en Psicología Clínica y Social.

González-Núñez, J. y Rodríguez, M. (2013). *Teoría y técnica de la psicoterapia psicoanalítica*. México: Plaza y Valdés/Instituto de Investigación en Psicología Clínica y Social.

González-Núñez, J., Nahoul, V. y Zuvire, A. (2005). "Raíces y manifestaciones de la violencia. Posibilidades de manejo". *Alêtheia*, núm. 24, pp. 117-132.

González-Núñez, J. y Oñate, R. (2000). "Interpretación de los sueños de la psicología general al psicoanálisis". *Alêtheia*, núm. 19, pp. 65-67.

Grinberg, L. (1981). *Psicoanálisis, aspectos teóricos y clínicos*. Buenos Aires: Editorial Paidós.

Guarner, E. y Ramírez, S. (1978). *Psicopatología clínica y tratamiento analítico.* México: Porrúa.

Gutheil, E. (1966). *Manual de análisis de sueños.* Buenos Aires: Editorial Brújula.

Hall, C. (1992). *Compendio de psicología freudiana.* México: Paidós.

Hartmann, H. (1962). *La psicología del Yo y el problema de adaptación.* México: Editorial Pax.

——————— (1978). *Ensayos sobre psicología del Yo.* México: Fondo de Cultura Económica.

Jung, C. (1911). *Símbolos de transformación.* Barcelona: Paidós.

——————— (1964). *El hombre y sus símbolos.* Madrid: Editorial Caralt.

——————— (1974). *El Yo y el inconsciente.* Madrid: Alianza.

Kernberg, O. (1995). *Relaciones amorosas.* Buenos Aires: Paidós.

LaBerge, S. y Rheingold, H. (2013). *Exploración de los sueños lúcidos. La guía más completa teórica y práctica.* Madrid: Arkano Books.

Mahler, M., Pine, F. y Bergman, A. (1977). *El nacimiento psicológico del infante humano.* Buenos Aires: Marymar.

Marrone, M. (2009). *La Teoría del apego. Un enfoque actual.* Madrid: Psimática Editorial.

Maslow, A. (1970) *Motivation and Personality.* Nueva York: Harper & Row.

Meza, C. (1980). *El colérico (borderline).* México: Joaquín Mortiz.

Mínguez, J. M. (1994). *El lenguaje secreto de los sueños.* Barcelona: Bruguera.

Nahoul, V. (2011). Entrevista videograbada realizada a la artista plástica Gilda Solís. Ciudad de México.

——————— (2018). *El Duelo: Una mirada psicoanalítica.* Madrid: Psimática Editorial.

——————— (2011b). "El arte pictórico como medio para elaborar el duelo en la obra de Gilda Solís". *Alêtheia,* núm. 30, pp. 13-35.

Ramírez, S., Guarner, F y Díaz Portillo, I. (1985). *Un homosexual, sus sueños.* México: Universidad Nacional Autónoma de México.

Rapaport, D. (1968). *Nuevas aportaciones a la psicología psicoanalítica.* México: Editorial Pax.

Rapaport, D. y Gill, M. (1962). *Aportaciones a la teoría y técnica psicoanalítica.* México: Editorial Pax.

Rosenzweig, M. y Leiman, A. (1992). *Psicología fisiológica.* México: McGraw-Hill.

Sonnet, A. (1985). *El misterioso mundo de los sueños*. Barcelona: Zeus.

Sperling, A. (1991). *Psicología simplificada*. México: Selector.

Stekel, W. (1957). *Progresos y técnica en la interpretación de los sueños*. Buenos Aires: Imán.

Tallaferro, A (1990). *Curso básico de psicoanálisis*. México: Paidós.

Xandró, M. (1982). *Interpretación científica de los sueños*. Madrid: Paraninfo.

Acerca del autor

José de Jesús González Núñez

Psicoanalista y doctor en Psicología clínica. Presidente honorario, coordinador del consejo académico, supervisor, analista didacta y docente del Instituto de Investigación en Psicología Clínica y Social, A.C. (IIPCS). Cuenta con 50 años de experiencia docente en los niveles de licenciatura, maestría y doctorado. Es primer autor y compilador de 30 libros; autor de más de 120 artículos; ha impartido más de 450 conferencias académicas y de divulgación sobre la salud mental. Ha recibido reconocimientos como investigador dentro del ámbito psicoanalítico y por su creación del Modelo de Investigación Circular. Recibió la Condecoración Doctorado Honoris Causa por parte del Claustro Doctoral Iberoamericano.

Los sueños y su interpretación psicoanalítica
se terminó de imprimir en agosto de 2021, en los Talleres de Impresora
Peña Santa S.A. de C.V. Sur 27 Núm. 457, Col. Leyes de Reforma
2a Secc. C.P. 09310, Alcaldía de Iztapalapa, CDMX.
En su composición se utilizaron tipos
Berkeley Oldstyle Book